COTIDIANO ESCOLAR

BASE DE CONHECIMENTO

Coordenação editorial
Maria Beatriz de Campos Elias e José Paulo Brait
Edição de texto
José Paulo Brait, Fernanda Bottallo e Geraldo Fantin
Coordenação de *design* e projetos visuais
Sandra Botelho de Carvalho Homma
Projeto gráfico e capa
Signorini Produção Gráfica
Coordenação de produção gráfica
André Monteiro e Maria de Lourdes Rodrigues
Edição de arte
Aderson de Oliveira
Coordenação de revisão
Estevam Vieira Lédo Jr.
Revisão
São Sebastião Serviços Editoriais
Coordenação de pesquisa iconográfica
Ana Lucia Soares
Pesquisa iconográfica
Rosana Carneiro
Coodenação de tratamento de imagens
Américo de Jesus
Tratamento de imagens
Américo de Jesus, Fábio N. Precendo, Rubens M. Rodrigues
Saída de filmes
Hélio P. de Souza Filho, Márcio H. Kamoto
Coordenação de produção industrial
Wilson Aparecido Troque
Impressão e acabamento
Vida e Consciência
Capa
Roda. Milton Dacosta, 1942. Óleo sobre tela, 59 cm x 71cm. Coleção Gilberto Chateaubriand
©Museu de Arte Moderna do Rio de Janeiro.

Dados Internacionais de Catalogação na Publicação (CIP)
(Câmara Brasileira do Livro, SP, Brasil)

Friedmann, Adriana
O desenvolvimento da criança através do brincar / Adriana Friedmann. – São Paulo : Moderna, 2006. –
(Coleção cotidiano escolar : base de conhecimento)

Bibliografia.
ISBN 85-16-05315-6

1. Brincadeiras 2. Crianças – Desenvolvimento
3. Educação de crianças 4. Jogos educativos
5. Jogos infantis I. Título. II. Série.

06-6424 CDD-371.337

Índices para catálogo sistemático:

1. Brincadeiras infantis educativas 371.337
2. Jogos infantis educativos 371.337

Editora Moderna Ltda.
Rua Padre Adelino, 758 – Belenzinho
São Paulo – SP – Brasil – CEP 03303-904
Vendas e Atendimento: Tel. (0__11) 6090-1500
Fax. (0__11) 6090-1501
www.moderna.com.br
2006
Impresso no Brasil 1 3 5 7 9 10 8 6 4 2

COTIDIANO ESCOLAR

BASE DE CONHECIMENTO

O desenvolvimento da criança através do brincar

Adriana Friedmann

Moderna

Eu queria mostrar a roda da vida, poder entrar no coração das crianças. Viver de alguma forma! Retornar àquele estado de espírito, àquele tempo no qual tudo era brincar, no qual não existia frio ou calor, no qual éramos amados, simplesmente amados. Quando eu era criança, falava como criança, brincava como tal. Mas, quando um dia me tornei homem, deixei de lado toda criancice, observei, ouvi e aprendi.

Anônimo

É meu desejo que as idéias aqui expressas nos aproximem mais um pouco do mundo lúdico-infantil.

Adriana Friedmann

Agradecimentos

Acredito que toda pessoa constitui um canal que abre possibilidades aos outros. Quero agradecer de coração a todos os que me mostraram caminhos e a estas pessoas, em particular:

- Doutora Amélia Americano Domingues de Castro, por tudo o que me ensinou sobre o ser humano.
- Professor e amigo Ivan Ivić, que me inspirou com suas idéias e sua simplicidade.
- Professoras Orly Zucatto Mantovani de Assis e Tizuko Morchida Kishimoto, pelas idéias e sugestões.
- Cyrce Junqueira de Andrade, amiga, por sua leitura crítica.
- Prezado Lino de Macedo, que tão profundamente tem mergulhado no labirinto da ludicidade e me inspirado a continuar no universo do jogo, com seus olhares criativos.
- Pâmela, que tem me mostrado que o caminho do crescimento vai muito além.
- Meus alunos-leitores, professores e estudantes que, pelo interesse nesse tema, são os principais responsáveis por esta nova obra.

Apresentação

Após quatorze anos da publicação do livro *Brincar: crescer e aprender – o resgate do jogo infantil*, fruto de minha tese de mestrado defendida ainda no início da década de 1990, a obra ressurge agora atualizada e editada em dois volumes: *O desenvolvimento da criança através do brincar* (selo Base de Conhecimento) e *O brincar no cotidiano da criança* (selo Ação Docente), ambos na coleção Cotidiano Escolar, desta editora.

A grande incentivadora desta nova-velha obra foi a resposta dada pelo público leitor, em sua grande maioria estudantes e docentes dos cursos de Magistério e Pedagogia, assim como professores, sobretudo de Educação Infantil. Ao longo desses anos, inúmeras formas de retorno me mostraram o quanto as idéias esboçadas em *Brincar: crescer e aprender* têm levado esses educadores a refletir, estudar, pesquisar e, em muitos casos, transformar suas práticas.

Na presente obra, focalizo principalmente as questões teóricas que dizem respeito ao âmbito do jogo infantil e à importância do resgate das brincadeiras tradicionais. Contribuo com uma perspectiva mais ampla de definições sobre o jogo em inúmeras áreas além da educacional, o que reforça a repercussão do lúdico ao longo da história da humanidade, inclusive neste início de século XXI.

Outra importante novidade desta edição é uma vasta pesquisa de obras publicadas nos últimos vinte anos, com base na qual analiso o caminho percorrido pelos estudos na área do lúdico. Essas obras estão indicadas nas referências bibliográficas ao final do livro.

Espero, dessa forma, dar um enfoque atual à temática do brincar infantil e à sua importância e transcendência, sobretudo no decorrer do século XX, reafirmando o merecido lugar que ele tem conquistado em estudos, reflexões, práticas, debates e políticas públicas, tanto no Brasil quanto no resto do mundo.

Adriana Friedmann

Prefácio

O desenvolvimento da criança através do brincar, de Adriana Friedmann, oferece-nos uma atualizada oportunidade de assimilar esse tema tão importante. Nele, os adultos – educadores, pesquisadores, pais, profissionais da saúde etc. – podem ler sobre o valor teórico e prático das brincadeiras e encontrar referências bibliográficas para estudos complementares. E isso na forma que já constitui a marca registrada de Adriana: profundidade, seriedade, leveza e carinho, associados com a responsabilidade de quem entende do assunto e gosta de tratar dele como uma causa, que vale a pena. As crianças agradecem. Os adultos que elas hão de se tornar, também.

Qual o valor do brincar para os processos de desenvolvimento das crianças? Por que as brincadeiras promovem a construção de valores? Quais as diferenças entre o brincar em casa e na escola? Por que é importante resgatar a relação lúdica com a aquisição do conhecimento, agora que a escola se quer para todas as crianças? Penso que essas questões são fundamentais e que as tratamos, na prática, de modo ambivalente, constrangidos pelo modo apressado e sedento de resultados imediatos, característicos da sociedade atual. Ambivalente porque, pois se acreditamos – ao menos por intuição – no valor das brincadeiras, não sabemos o tempo livre que elas requerem e chegamos a temer por isso. Mais ainda, tememos pela falta de controle das coisas que se desenrolam – como imaginação ou experiência – no espaço de seu realizar.

Assim, na prática, as brincadeiras, mesmo nas crianças, são como horas roubadas de uma agenda lotada, ou forma tolerada de aproveitar um tempo em que não há nada mais para se fazer. Se esse quadro, talvez exagerado, é assim no contexto de nossas casas, o que dirá no das escolas. De modo acertado, aprendemos a exigir que todas as crianças freqüentem a escola, mas ainda não sabemos manter com elas o que sempre foi sua melhor companhia: as brincadeiras e os jogos. É uma pena, porque o dicionário (veja-se o Houaiss, por exemplo) ainda nos lembra que escola significa "descanso, repouso, lazer, tempo livre, hora de estudo, ocupação de um homem com ócio, livre do trabalho servil" (versão grega) ou, então, "divertimento, recreio" (versão latina).

Em seu livro, Adriana indica o valor que autores como Piaget ou Vygotsky atribuem às brincadeiras para o desenvolvimento das crianças. Recupera, igualmente, trechos de grandes escritores, analisando, às vezes com terna saudade, seus tempos de criança e o valor de suas brincadeiras. Assim é. O problema é que, a cada vez que nasce uma criança, renovam-se as necessidades de nossa humanidade para a repetição, ainda que atualizada ou transformada, do que nos é requerido ao processo de desenvolvimento. Brincar não foi apenas necessário para as crianças de ontem. É e será para todas as crianças. O que acontece nas brincadeiras faz sentido para elas. Nesse espaço e tempo lúdicos, podem realizar e compreender a seu modo as questões e os temas que lhes interessam.

Brincando, as crianças são livres para pensar, sonhar, juntar ou ordenar o mundo. E, na magia dos objetos que brincam, podem se reencontrar com os temas eternos: nosso lugar em um mundo ainda tão desconhecido, os mistérios de nossa criação, de nossas relações com as pessoas e coisas, o modo como os adultos que lhes são caros se relacionam com elas e as outras pessoas, como vivem e o que fazem da vida. Nas brincadeiras, as crianças podem construir e atribuir simpatias e antipatias às pessoas e às tarefas do dia-a-dia. Podem aprender sobre o valor da obediência e do respeito para com as pessoas que cuidam delas e que lhes são referências importantes. Podem imitar ou repetir o que quer que seja, de qualquer jeito. Podem construir, a seu modo, a ilusão de um mundo e de uma vida que elas desejam para si ou para as pessoas e coisas que lhes são caras.

Podem chorar ou simbolizar a morte, o nascimento, o medo do desconhecido, as alegrias e os desafios implicados na realização de um projeto. É isso: brincar na perspectiva da criança é realizar projetos lúdicos, nos quais ela é o principal protagonista, mas é também seu diretor, o construtor dos cenários e o propositor dos diálogos nos quais tece a alegria ou a tristeza do mundo. De um mundo que lhe faz sentido, mesmo que ela não compreenda tudo na complexidade das formas como ela mesma tece as relações. Não importa que seja assim. O que importa é poder e querer brincar.

Em seu livro, penso que Adriana resgata a importância do brincar e nos devolve a coragem e as justificativas para que as crianças possam fazê-lo e que disponham de condições e recursos para isso.

Lino de Macedo

Índice

Introdução

O brincar já existia na vida das pessoas bem antes das primeiras pesquisas sobre o assunto. Como surgiu essa preocupação com o lúdico? Talvez em decorrência da diminuição do espaço físico e temporal destinado a essa atividade, provocada pelo aparecimento das instituições escolares, pelo incremento da indústria de brinquedos e pela influência da televisão e de toda a mídia eletrônica. É a respeito desses estudos que se colocam algumas questões em relação ao brincar infantil.

► No estudo do **jogo**, da **brincadeira** ou do **brinquedo**, pode(m)-se observar:

- o comportamento das crianças (a brincadeira propriamente dita) no que concerne às atividades físicas e mentais envolvidas;
- as características de sociabilidade que o **brincar** propicia (trocas, competição etc.);
- as atitudes, reações e emoções que envolvem os jogadores;
- os objetos utilizados (brinquedos e outros).

► Ao passar para uma interpretação dos dados fornecidos por essas observações, surgem diferentes perspectivas de análise do comportamento de brincar: afetivas, cognitivas, sociais, morais, culturais, lingüísticas etc.

► O brincar infantil pode ser, assim, analisado sob diferentes enfoques:

- **sociológico**: a influência do contexto social em que os diferentes grupos de crianças brincam;

Glossário

Jogo *Designa tanto uma atitude quanto uma atividade estruturada que envolve regras.*

Brincadeira *Refere-se basicamente à ação de brincar, ao comportamento espontâneo que resulta de uma atividade não-estruturada.*

Brinquedo *Define o objeto de brincar, suporte para a brincadeira.*

Brincar *Diz respeito à ação lúdica, seja brincadeira, jogo, uso de brinquedos ou outros objetos, do corpo, da música, da arte, das palavras etc.*

- **educacional**: a contribuição do brincar para a educação, desenvolvimento e/ou aprendizagem da criança;
- **psicológico**: o brincar como meio para compreender melhor o funcionamento da psique, das emoções e da personalidade dos indivíduos; na clínica ele é utilizado basicamente para a observação das diversas condutas e para a recuperação (ludoterapia);
- **antropológico**: a maneira como o brincar reflete, em cada sociedade, os costumes e a história das diferentes culturas;
- **folclórico**: o brincar como expressão da cultura infantil através das diversas gerações, bem como as tradições e os costumes nelas refletidos através dos tempos.

Em cada enfoque, há várias formas de classificar o brincar. Esta obra privilegia a abordagem educacional com um forte acento nas questões culturais. Ao analisar o brincar sob esse ponto de vista, temos como objetivo recuperar o patrimônio lúdico-cultural e contribuir para a formação de educadores e o conhecimento da **atividade lúdica** infantil.

Glossário

Atividade lúdica *Abrange de forma mais ampla os conceitos anteriores e amplia-se para outras atividades expressivas, como música, artes, movimento, teatro, escrita.*

CAPÍTULO 1

Estrutura e características do brincar

É assim que se brinca...
Cada jogo tem suas regras. Mas cada grupo de crianças as interpreta, cria e recria a seu modo. Vou explicar as regras do jogo. Cabe a você traduzi-las...

ADRIANA FRIEDMANN

Crianças brincando em parquinho ao ar livre.

- Brincar é importante!
- Deixe a criança brincar!
- O jogo é uma necessidade do ser humano.

Esses são alguns dos vários "conselhos" dados a todos aqueles que lidam com crianças: pais, professores, recreacionistas e outros. Há uma intuição generalizada de que brincar é importante para a criança. Por quê? As respostas são diversas:

- É um momento de diversão.
- A criança pode se expressar nas brincadeiras.
- A criança descarrega energias e agressividade ao brincar.
- As crianças interagem entre si enquanto brincam.
- A criança se desenvolve e aprende brincando.

Sim, são muitas as respostas, mas continuamos sem entender, de forma clara, como a criança se desenvolve através do brincar, o que ela aprende brincando e, mais especificamente, para que serve cada jogo ou brincadeira.

É fundamental tomar consciência de que a atividade lúdica infantil fornece informações elementares a respeito da criança: suas emoções, a maneira como interage com seus colegas, seu desempenho físico-motor, seu estágio de desenvolvimento, seu nível lingüístico, sua formação moral.

Para a criança, o brincar implica muito mais do que o simples ato em si. Brincando, ela se expressa e comunica com o mundo. Para o adulto, o brincar constitui um "espelho", uma fonte de dados para compreender melhor como se dá o desenvolvimento infantil. Daí sua importância.

Essa importância será mostrada no decorrer deste livro, a partir de reflexões apoiadas em alguns dos inúmeros teóricos que se dedicaram ao estudo do brincar.

Antes de passar a uma análise mais detalhada sobre a atividade lúdica, destaquemos suas variáveis para conhecer melhor nosso objeto de estudo.

Quando pensamos na atividade lúdica, devemos levar em consideração:

- o tempo e o espaço de brincar;
- a relação entre meios e fins;
- o(s) parceiro(s);
- os objetos;
- as ações físicas e/ou mentais do sujeito.

O tempo e o espaço de brincar

O ato de brincar acontece em determinados momentos do cotidiano infantil. Partindo da idéia de que é uma necessidade para a criança, constatamos que o tempo gasto com ele vem se tornando cada vez mais escasso, dentro e fora da escola.

"Não há tempo para brincar!" Na escola, essa é a justificativa de muitos educadores. Por quê? Há, evidentemente, um programa de ensino a ser cumprido e objetivos a serem atingidos para cada faixa etária. Com isso, o brincar fica relegado aos horários em que a criança está no pátio ou aos intervalos destinados a "preencher" espaços de tempo entre as aulas.

Entretanto, o brincar pode e deve não só fazer parte das atividades curriculares, sobretudo na Educação Infantil e no Ensino Fundamental, como também ter um tempo preestabelecido durante o planejamento em sala de aula. Como aproveitá-lo de forma consciente é o que será discutido neste livro.

O desenvolvimento e o aprendizado da criança se dão também em diferentes instâncias de seu dia-a-dia, dentro e fora da escola, quando há o contato com outras crianças e outros adultos e, sobretudo, de forma direta, com os meios de comunicação. A televisão, a publicidade, a propaganda e toda a mídia eletrônica têm influência profunda na mente e no comportamento infantil.

Embora "roube" da criança um significativo espaço de tempo, que deixa de ser dedicado à atividade lúdica, a televisão é uma fonte de informações e um ótimo estímulo para ela. Se a tevê tira da criança o tempo de brincar – o que é um fator negativo –, também a desperta para novos questionamentos. Além disso, fornece importantes conteúdos que a criança assimila e que se espelham em sua brincadeira, modificando e enriquecendo sua temática.

É na "dosagem" do aproveitamento que a criança faz de seu tempo que deve entrar a participação do adulto, enfatizando o resgate do brincar no dia-a-dia infantil.

Em relação ao espaço das brincadeiras, que era tradicionalmente a rua, houve um recuo: brincar ali é um risco. Dentro de casa, o espaço é muito limitado. Por isso, os condomínios dos apartamentos têm surgido como espaço alternativo de brincadeiras e troca entre as crianças. Na escola, o pátio é a principal "testemunha" do brincar infantil; no clube ou nos centros comunitários, o lúdico tem mais chance de acontecer.

A despeito da falta de segurança, brincar na rua ou em outras áreas abertas tem várias vantagens, pois a criatividade das crianças toma conta desses espaços e os transforma em função das suas "necessidades lúdicas". Brincar em espaços abertos é um aprendizado e uma oportunidade para a criança interagir com outros parceiros e desenvolver sua atividade física.

O espaço reservado à atividade lúdica da criança dentro de casa (quando ele existe) muda de um contexto para outro: pode ser um cantinho, um quarto só para jogos, um quintal, um pátio e até a área comum de um condomínio. Dentro de suas possibilidades, a criança "modifica" esses espaços para adaptá-los a sua brincadeira.

Na escola, é possível planejar os espaços de brincar. Na sala de aula, o espaço de trabalho pode ser transformado em espaço de jogo, podem ser desenvolvidas atividades com o uso de mesas, cadeiras, divisórias etc. Fora da sala, sobretudo no pátio, a brincadeira "corre solta", e a atividade física predomina. Portanto, o espaço e o tempo definem as características de cada brincadeira.

Em razão da escassez de parques e praças nas grandes cidades, surgiu no início da década de 1980 outra alternativa de espaços lúdicos: as chamadas **brinquedotecas** ou **ludotecas**. Em

O QUE SÃO brinquedotecas ou ludotecas

Trata-se de espaços públicos ou privados especialmente planejados e organizados para que as crianças desenvolvam criativamente suas atividades lúdicas. No Brasil, uma das primeiras brinquedotecas foi instalada na década de 1980 em uma escola particular de São Paulo, com o intuito de atender crianças com necessidades especiais. Atualmente, esses espaços se multiplicam por todo o país.

creches, centros de Educação Infantil, escolas e universidades, esses espaços têm fins especificamente educacionais.

Outras brinquedotecas têm fins terapêuticos e funcionam em clínicas e hospitais. A implantação de espaços lúdicos em hospitais pediátricos permite um trabalho complementar de comprovada importância para o apoio psicológico às crianças internadas, para a adesão ao tratamento e para lhes dar oportunidade de expressar seus sentimentos e emoções em situações de estresse. Diversas empresas têm dado apoio financeiro às brinquedotecas; algumas, além de atender à comunidade, desenvolvem pesquisas a respeito do brincar e dos brinquedos.

Há também brinquedotecas com objetivos basicamente sociais. Um deles é oferecer um lugar diferente para a criança brincar e, ao mesmo tempo, desenvolver habilidades, interagir com outras crianças e adultos e ter acesso a brinquedos raros. Esse tipo de brinquedoteca tem surgido em diversos centros comunitários.

A relação entre meios e fins

A partir da idéia de que brincar é bom e importante, colocam-se as seguintes questões:

- O brincar é um meio para atingir determinados objetivos ou tem um fim em si mesmo?
- Brinca-se pelo simples prazer de brincar?

São diversas as respostas. Há momentos em que a criança brinca por puro divertimento, estabelecendo trocas com outras crianças ou com adultos. Nesse caso, o brincar acontece como um fim em si mesmo. Esse "brincar por brincar" se dá, muitas vezes, dentro da própria sala de aula (mesmo que longe do olhar do professor), na hora do recreio ou fora da escola.

No cotidiano escolar, o brincar tem sido pouco presente, e é essa questão que os estudiosos da área do lúdico querem resgatar. Pensar na atividade lúdica como meio educacional significa pensar menos no "brincar por brincar" e mais como instrumento de trabalho, como meio para atingir objetivos preestabelecidos.

Enquanto brinca, a criança, sem saber, fornece muitas informações a seu respeito: o brincar pode ser útil para estimular seu desenvolvimento integral e trabalhar conteúdos curriculares.

O(s) parceiro(s)

Em algumas ocasiões, a criança brinca sozinha. Esse comportamento é freqüente nas pequenas (mais egocêntricas) e naquelas que vivem um momento especial ou apresentam algum distúrbio emocional. Em qualquer dos casos, os objetos ou os brinquedos tomam vida e tornam-se parceiros da criança, que brinca também com as palavras, com os sons, com seu próprio corpo ou com o espaço.

No brincar partilhado com um ou mais indivíduos (outras crianças ou adultos), a criança comunica-se verbalmente ou por meio de gestos. Essas interações sociais são fundamentais.

É nas relações estabelecidas com outras pessoas que o brincar acontece e adquire características únicas. Durante essas trocas, a criança pode assumir diversos papéis, experimentar, colocar-se no lugar de outra, realizar ações mais ou menos prazerosas e expressar-se.

Os objetos

O menino brinca de lutar tanto com um galho de árvore como com uma espada de super-herói. Para brincar de mamãe-filhinha, a menina consegue transformar um lápis e uma borracha em pai e mãe quando não tem uma boneca a seu alcance. A imaginação e a fantasia da criança são extremamente férteis: ela pode chegar a criações incríveis de objetos de brincar. É o caso de brinquedos feitos de sucata, pano, palitos, tampinhas, madeira etc.

Nos dias atuais, o apelo ao consumo fala mais alto, sobretudo quando instiga as crianças com a oferta de brinquedos atraentes, cujo aperfeiçoamento é cada vez maior. A preocupação dos fabricantes vai desde os materiais, as cores, as normas de segurança até a especificação das características do produto (por exemplo, a faixa etária ou a área específica para a qual é indicado). Existem normas de segurança nacionais e internacionais para a fabricação de brinquedos: cuidados com pontas, peças pequenas, sacos plásticos, tintas etc.

Quando analisamos os objetos (e/ou brinquedos) do jogo, não podemos deixar de pensar no contexto em que se inserem: familiar, tecnológico, educacional, mercadológico. Em cada um deles, um mesmo brinquedo pode ser visto como objeto potencial de solidão e consolação; de autonomia ou heteronomia; de realização, cooperação e progresso; de novidade, distração ou informação. O brinquedo é, portanto, muito mais do que um objeto do mundo infantil, um "eco" dos padrões culturais de diferentes contextos socioeconômicos. Além de ser veículo da inteligência e da atividade lúdica, ele tem um impacto próprio. Como diz **Brian Sutton-Smith**, "a interpretação do significado do brinquedo não pode ser compreendida sem fazer referência aos contextos nos quais ele é encontrado".

O brinquedo pode, algumas vezes, ser um objeto que estimula a criança a brincar de modo mais solitário. Essa forma de atividade lúdica é característica dos bebês e necessária ao seu desenvolvimento. Os brinquedos aparecem com muito mais freqüência no período pré-escolar. Já os objetos de brincar (bolas, saquinhos, jogos de tabuleiro, por exemplo) são usados como "acessórios" para diversas brincadeiras, principalmente a partir dos cinco anos.

Apesar de nossa preocupação específica nesta obra estar centrada nas brincadeiras tradicionais, que requerem poucos objetos e têm como característica básica incrementar a socialização entre as crianças, considero o brinquedo uma temática fundamental a ser pesquisada, uma vez que oferece subsídios para melhor compreensão do desenvolvimento infantil e da influência do contexto cultural sobre a atividade lúdica.

QUEM É Brian Sutton-Smith

Brian Sutton-Smith (1924-), teórico neozelandês, tem se dedicado a pesquisar o significado cultural do jogo na vida humana, argumentando que qualquer definição pode ser aplicada tanto a crianças quanto a adultos. Mostrou que as crianças não são inocentes em seus jogos e que estes podem ajudá-las a sobreviver. Sua perspectiva multidisciplinar inclui pesquisas sobre a história do jogo e estudos comparados do brincar, assim como nas áreas de psicologia, educação e folclore. Ele afirma que a interpretação do brincar deve abranger todas as suas formas: brincadeiras infantis, esportes, festivais, imaginação etc. É autor de mais de cinqüenta livros nessa área.

As ações físicas e/ou mentais do sujeito

O que acontece no decorrer de uma atividade lúdica depende essencialmente das ações da criança em tempo e espaço determinados, com ou sem parceiros ou objetos de brincar. O bebê, por exemplo, nos primeiros meses de vida, descobre o mundo pelos sentidos: ouvindo, olhando, cheirando, degustando, tateando. É por meio das atividades sensório-motoras que a criança aprende. À medida que ela cresce, podemos observar que desenvolve suas habilidades cognitivas, corporais, emocionais e sociais, que constituem a ponte entre suas ações puramente físicas e concretas e aquelas mais abstratas.

A ação e a reação da criança durante a brincadeira são os "ingredientes" básicos para que esta aconteça.

Os aspectos até aqui estudados devem ser levados em conta na atividade lúdica infantil na hora de planejar espaços, de pensar no currículo, na análise do brincar e do comportamento das crianças.

Imagens poéticas

A vitória da infância

Zé meteu a mão no bolsinho da calça e tirou um punhado de bolas. (...) Separou cuidadosamente as riscadinhas e nos entregou.

Foi dada a saída e desde logo se evidenciou a superioridade deles, inclusive o pequenino, que tacitamente havíamos considerado já no papo ao aceitar o desafio. Meu amigo foi infeliz na saída, por causa de uma pedrinha que desviou o curso da bola e quase morreu na segunda birosca, praticamente antes de começar. O que seria a suprema das vergonhas. Mas uma infelicidade de seu adversário, perdendo o batizado por um palavrão equilibrou o jogo, mandando-me para a birosca inesperadamente, em abençoada carambola.

Foi a vez do pequenino que, ainda pagão, deu de passagem uma fabulosa cricada no meu parceiro, atirando-lhe a bola à distância. E ainda foi à birosca. Soltei uma exclamação de entusiasmo, mas meu amigo protestou:

Não vale! Ele ainda era pagão! Não vale tecar sem cair antes na birosca.

Ao que o menino mais velho redargüiu alegando, com perdão da palavra, que não valia cagar regra.

Não fala bobagem não, menino. A regra é essa mesmo.

Descobrimos então, para nosso pasmo, que eles chamavam a birosca de "búlica" ou "búrica" – ou outro nome assim de nobre origem etimológica, influência talvez da proximidade da Faculdade de Filosofia. A palavra birosca lhes despertava mesmo sorrisos maliciosos, dando-nos a certeza de que se tratava de pornografia nova, escapada ao nosso vocabulário infantil. Havia ainda outras variantes na terminologia deles, que já não era a mesma de nosso tempo; assim, a cricada era para nós apenas a tecada final, que assegurava a vitória, e não todas elas, como eles vinham usando (...).

Então começa de novo.

Recomeçou o jogo. Agora, depois do incidente, era a nossa honra que jogávamos. De repente vi meu amigo se transfigurar, como se a própria infância nascesse dos olhos cansados, dando-lhes aquele brilho de que só são capazes as alegrias puras. E dando-lhe jogadas magistrais. Em pouco tempo um dos adversários (o pequenino) liquidou-me, depois de armar-me cilada, o safadinho, fingindo errar a pontaria duas vezes, e morri pagão. Mas meu parceiro, papão de primeira, matou-o a mais de quatro metros, numa esplêndida jogada de galeio (com recuo). Não podia conter seu entusiasmo.

Sabe? Eu ainda sou dos bons!

Por pouco não põe tudo a perder, numa jogada imprudente que o deixou perto do outro. Agora se perseguiam ao longo do jardim e o outro, já nervoso, errou e tornou a errar. Então meu amigo liquidou-o sem dó nem piedade numa cricada definitiva, que significava mais uma bola conquistada para a coleção. Ergueu-se e se tornando adulto com um pigarro, sacudiu a poeira das mãos. Os meninos o olhavam admirados; devolveu-lhes as bolas, num belo gesto de desprendimento, não queria ficar com elas. E puxou-me pelo braço, modestamente.

Vamos, não é? Está ficando um pouco tarde.

SABINO, Fernando. A vitória da infância.
In: Criança brinca, não brinca? São Paulo: Rhodia, [s. d.].
p. 13-20. (Antologia de contos – edição especial)

(...) Para fazer ciência as pessoas têm que ter brincado muito previamente (...).

(...) Se uma criança inibe-se para brincar, a mesma coisa irá lhe acontecer com o aprendizado da ciência.

Pichon Rivière

A história clássica do gênio que entrega a alguém o novelo da sua vida relata que bastaria puxar do seu fio para que os dias mais desejados chegassem rapidamente. O feliz possuidor do novelo apressou tanto seus desejos que todas as etapas da sua vida, desde a infância impaciente até a serena velhice, as culminou tão-somente em quatro meses e seis dias. "E não é o jogo a arte de experimentar num único momento as transformações que o destino leva muitos anos para produzir? Em suma, o jogo não é senão o novelo do gênio."

Aníbal Ponce

AÇÃO REFLEXIVA

A partir da análise das relações entre meios e fins no brincar, procure identificar em suas ações cotidianas quais atividades lúdicas têm objetivos predeterminados e em que momentos a criança brinca por brincar, espontaneamente. Reflita e troque idéias com sua equipe.

AÇÃO DOCENTE

1 Escolha alguns trechos deste capítulo e convide pais e avós a participar de um debate sobre os atuais valores do consumo infantil.

2 Levante a questão dos objetos (brinquedos) que fazem parte hoje das brincadeiras de nossas crianças em comparação aos de gerações anteriores.

Sugira a seus alunos que entrevistem outras crianças da escola (mais novas e mais velhas) para descobrir quais são suas brincadeiras prediletas, onde, com quem, com que, quando e do que gostariam de brincar mas não brincam e por quê.

Esta atividade irá contribuir para trabalhar as trocas, a integração, os conhecimentos da cultura infantil local, a organização autônoma do grupo, a atribuição de responsabilidades a cada participante, a linguagem, as habilidades plásticas, entre inúmeras outras capacidades.

CAPÍTULO 2

Definições e estudos sobre o brincar

É assim que o adulto diz que se brinca... cada um com um olhar diferente. Mas a brincadeira é uma só.

THE BRITISH MUSEUM

Figuras femininas em terracota jogando tabas, século III a.C.

Estudiosos do brincar

Ao longo da história da humanidade, foram inúmeros os autores que se interessaram, direta ou indiretamente, pela questão da brincadeira, do jogo, do brincar e do brinquedo. A seguir, enumeramos alguns dos principais estudiosos e a área em que desenvolveram seus trabalhos sobre o tema, para que o leitor possa aprofundar suas pesquisas.

Historiadores: Huizinga, Caillois, Ariès, Margolin, Jolibert (estudo do brincar a partir da imagem que cada contexto forma da criança), Manson.

Filósofos: Aristóteles, Platão, Schiller, Dewey, Spencer (o brincar como possibilidade de eliminar o excesso de energia represado na criança), Gross ("o jogo prepara a criança para a vida futura"), Stanley-Hall.

Lingüistas: Cazden, Vygotsky, Weir.

Antropólogos: Bateson, Schwartzman, Sutton-Smith, Henriot, Brougère (conceitos sobre o jogo de acordo com o uso que se faz dele).

Escritores: Todos os escritores que relataram lembranças de infância de forma autobiográfica ou poética. Dentre eles, Cecília Meireles, Fernando Pessoa e Manoel de Barros.

Psicólogos: Bruner, Jolly e Sylva, Fein, Freud, Claparède, Erickson, Winnicott (o brincar como elemento fundamental para o equilíbrio emocional da criança), Suzan Isaacs, Melanie Klein, Piaget, Wallon, Vygotsky, ElKonin.

Educadores: Chateau, Vial, Alain (a importância do brincar infantil como recurso para educar e desenvolver a criança, desde que respeitadas as características da atividade lúdica), Rousseau, Dewey, Froebel.

Biólogo: Maturana.

Estudiosos da natureza do brincar: Huizinga (1951), Caillois (1967), Christie (1991), Fromberg (1987), Henriot (1989). Liberdade de ação do jogador ou o caráter voluntário e episódico da ação lúdica; o prazer (ou desprazer); a relevância do processo de brincar – o caráter improdutivo; a incerteza de seus resultados; a não-literalidade ou a representação da realidade; a imaginação e a contextualização no tempo e no espaço.

Definições

As definições sobre o lúdico a seguir são bastante interessantes, uma vez que se encontram ao longo da história da humanidade e expressam as idéias de alguns importantes pensadores a respeito do brincar.

"A recreação é descanso do espírito." (**Aristóteles**, 344 a.C.)

"O jogo é uma atividade que toma a si mesma como fim." (**Aristóteles**, 344 a.C.)

"Importância de aprender brincando, em oposição à utilização da violência e da repressão." (**Platão**, 420 a.C.)

Na Idade Média, embora servisse para divulgar princípios de moral, ética e conteúdos de disciplinas escolares, o jogo não era considerado sério, pois estava associado ao azar.

No Renascimento, havia a compulsão lúdica. O jogo era visto como conduta livre, que favorecia o desenvolvimento da inteligência e facilitava o estudo. Por isso, foi adotado como instrumento de aprendizagem de conteúdos escolares. São dessa época pensadores como Quintiliano, Erasmo, Rabelais e Basedow.

"O jogo é um instrumento de desenvolvimento da linguagem e do imaginário. É do escritor, o poeta, sua prioridade." (**Montaigne**, 1612)

"O jogo é um meio de expressão de qualidades espontâneas ou naturais da criança, como recriação, momento adequado para observar a criança, que expressa através dele sua natureza psicológica e inclinações." (**Vives**, 1612)

"O estudo do jogo pode fornecer-nos ensinamentos preciosos para a arte de inventar." (**Pascal**, 1653)

"Os homens jamais são mais engenhosos do que na invenção dos jogos; o espírito encontra-se então com a vontade." (**Pascal**, 1653)

"A única coisa que nos consola de nossas misérias é o divertimento, que é, no entanto, a maior das nossas misérias." (**Pascal**, 1653)

"Os jogos de raciocínio... servem para aperfeiçoar a arte de meditar." (**Leibniz**, 1697)

"O jogo é, com freqüência, um grande lenitivo para o homem apaixonado." (**Casanova**, 1700)

"Para a criança, o jogo é tolerado, até mesmo necessário, mas com a condição de servir a uma finalidade secreta e dissimulada a ela. É preciso que ela aprenda a trabalhar brincando, mas isso também significa inversamente que não é necessário que brinque apenas para aprender a trabalhar. Na realidade, trata-se de aproveitar a dinâmica lúdica para fazer a criança assimilar o que queremos que assimile, apagando para tanto a diferença entre o jogo e o trabalho." (**Rousseau**, 1761)

"O jogo tem valor educativo, na medida em que alia o prazer à condição de uma livre aprovação e de uma submissão autônoma às regras... O valor do jogo tem implicações políticas e morais, indo bem além da simples distração... O jogo passa a ser associado à formação do ser humano em sua plenitude." (**Rousseau**, 1761)

"Os jogos da criança são o insubstituível lugar de uma auto-aprendizagem por si mesma, em que vemos que se trata de uma cultura livre... Por meio do jogo, a criança aprende a coagir a si mesma, a se investir de uma atividade duradoura, a conhecer e a desenvolver as forças do seu corpo." (**Kant**, 1787)

"O jogo é desenvolvimento do ser humano. É simultaneamente signo, manifestação e tomada de posse por si da humanidade da criança." (**Kant**, 1787)

"O jogo é um papel em desenvolvimento, à parte do papel orientado ao futuro, o que dele resulta..." (**Kant**, 1787)

"Um homem somente brinca quando ele é humano no sentido amplo da palavra, e ele somente é humano no sentido amplo da palavra quando ele brinca." (**Friederich Schiller**, 1787)

"O jogo é necessário na vida humana (*Ludus est necessarius ad conversationem humanae vitae*). Assim como o homem precisa de repouso corporal para restabelecer-se, assim também precisa de repouso para a alma, o que é proporcionado pela brincadeira." (**Tomás de Aquino**, 1856)

"... O jogo é um remédio e um repouso que se dá ao espírito para relaxá-lo, restabelecer suas forças, junto com as do corpo..." (**Nicolas Delamare**, século XVIII)

"A brincadeira como uma forma de preparação instintiva, um pré-exercício para a vida adulta, baseada na imitação de comportamentos inatos." (**Karl Gross**, [s. d.])

"As crianças brincam como uma forma de liberar o excesso de energias contidas quando não são gastas para a sobrevivência. Para esta tendência, a superabundância de energia é liberada em exercícios que utilizam padrões normais de comportamento, mas que carecem de objetivo imediato." (**Herbert Spencer**, 1860)

"Os estágios do jogo infantil recapitulam toda a história biocultural do pensamento humano." (**Stanley Hall**, 1882)

"A brincadeira reflete o decurso da evolução do homem, desde a pré-história até o momento presente. É como se a história da raça humana fosse recapitulada por cada criança, cada vez que ela brinca." (**Stanley Hall**, 1882)

"O jogo representa um instinto herdado do passado." (**Stanley Hall**, 1882)

"O verdadeiro jogo infantil é o mistério sagrado, ao qual os mais velhos podem somente dar uma olhada espionando através da fresta da cortina." (**Newell**, 1883)

Babcock, Dorsey, Culin, Gomme, Roth, Best, Howard Mills, Brewster, Sutton-Smith, I. e P. Opie e Abrahams são alguns estudiosos que acreditam na importância de preservar os "costumes infantis", fazer coleções e classificar os jogos.

"Toda criança que brinca se comporta como um poeta, pelo fato de criar um mundo só seu ou, mais exatamente, por transpor as coisas do mundo em que vive para um universo novo em acordo com suas conveniências." (**Freud**, 1908)

"O jogo resulta em benefícios intelectuais, morais e físicos e o erige como elemento importante no desenvolvimento integral da criança. Os brinquedos são atividades imitativas livres, e os jogos, atividades livres com o emprego dos dons." (**Froebel**, 1912)

"Brincar é a fase mais importante da infância – do desenvolvimento humano neste período –, a representação de necessidades e impulsos internos." (**Froebel**, 1912)

"... A brincadeira é a atividade espiritual mais pura do homem neste estágio e, ao mesmo tempo, típica da vida humana enquanto um todo... Ela dá alegria, liberdade, contentamento, descanso externo e interno, paz com o mundo... O brincar em qualquer tempo não é trivial, é altamente sério e de profunda significação." (**Froebel**, 1912)

"Por que você pergunta sobre o significado do brincar? / Quando é o que eu penso e faço a cada dia, / 'Brincar' é fazer o que minha natureza deseja. / 'Trabalhar' é fazer o que minhas aptidões conseguem." (**C. Chester**, 14 anos, 1915)

"Brincando, as crianças observam mais atentamente e deste modo fixam na memória e em hábitos muito mais do que se elas simplesmente vivessem indiferentemente todo o colorido da vida ao redor." (**Dewey**, 1924)

"O brinquedo... é um veículo de ensino de habilidades à criança ao se colocar na perspectiva do outro." (**Georges Herbert Mead**, 1934)

"A criança passa do plano interpessoal (nos jogos livres) ao plano social (nos jogos organizados)." (**Georges Herbert Mead**, 1934)

O jogo adquire um mecanismo socializador entre as décadas de 1930 e 1950.

"O jogo expressa, mas não gera padrões de personalidade." (**Susan Isaacs**, **Anna Freud**, **Melanie Klein** e **Erick Erickson**, décadas de 1920 a 1960)

"As características ou elementos fundamentais da brincadeira são: a situação imaginária, a imitação e as regras." (**Vygotsky**, 1933)

"A fonte da atividade lúdica é a mesma da ação criadora, que reside, sempre, na inadaptação, fonte de necessidades, anseios e desejos." (**Vygotsky**, 1933)

"A brincadeira é compreendida como situação imaginária criada pelo contato da criança com a realidade social." (**Vygotsky**, 1933)

"A unidade fundamental do jogo seria a situação imaginária, na qual a criança assume o papel de outra pessoa, realiza suas ações e estabelece suas relações típicas." (**Elkonin**, 1933)

"O fundamento do jogo protagonizado sem fins utilitários não é o objeto, nem seu uso, nem a mudança de objeto que o homem possa fazer, mas acima de tudo as relações que as pessoas estabelecem mediante suas ações com os objetos; não é a relação homem–objeto, mas a relação homem–homem." (**Elkonin**, 1933)

"O jogo é uma atividade livre, conscientemente tomada como não-séria e exterior à vida habitual, mas ao mesmo tempo capaz de absorver o jogador de maneira intensa e total. É uma atividade desligada de todo e qualquer interesse material, com a qual não se pode obter qualquer lucro, praticada dentro de limites espaciais e temporais, próprios, segundo uma certa ordem e certas regras." (**Huizinga**, 1938)

"Encontramos o jogo na cultura como um elemento dado existente antes da própria cultura, acompanhando-a e marcando-a desde as mais distantes origens até a fase de civilização em que agora nos encontramos." (**Huizinga**, 1938)

"O jogo é uma atividade interacional de natureza competitiva ou cooperativa, envolvendo um ou mais jogadores que seguem um conjunto de regras que definem o seu conteúdo." (**Caillois**, 1958-1967)

"O jogo tem uma natureza improdutiva: por ser uma ação involuntária da criança, um fim em si mesmo, não pode criar nada. O que importa é o processo de brincar." (**Caillois**, 1958-1967)

"Há incerteza em toda conduta lúdica: nunca se tem conhecimento prévio da ação do jogador." (**Caillois**, 1958-1967)

"Os jogos são geradores e expressão da personalidade e da cultura." (**Roberts** e **Sutton-Smith**, 1960-1970)

"Os jogos têm um papel expressivo no desenvolvimento de certas habilidades cognitivas." (**Bateson**, 1956; **Vygotsky**, 1967; **Sutton-Smith**, 1967; **Sylva**, **Bruner** e **Genova**, 1976)

"Toda a atividade da criança é lúdica, no sentido de que se exerce por si mesma." (**Piaget**, 1964)

"O ato de brincar é um comportamento que distorce a realidade objetiva, servindo a um papel expressivo mas não gerador na constituição do pensamento da criança." (**Piaget**, 1964)

"O jogo é uma atividade espontânea oposta à atividade do trabalho." (**Piaget**, 1964)

"É uma atividade que dá prazer..." (**Piaget**, 1964)

"Caracteriza-se por um comportamento livre de conflito." (**Piaget**, 1964)

"Quase todos os comportamentos... são suscetíveis de se converter em jogo, uma vez que se repitam por assimilação pura, isto é, por simples prazer funcional..." (**Piaget**, 1964)

"O jogo é uma atividade de segundo grau, isto é, uma atividade que supõe atribuir às significações de vida comum um outro sentido, o que remete à idéia de fazer de conta, de ruptura com as significações da vida cotidiana." (**Bateson** & **Goffman**, 1973)

"Se brincar é essencial é porque é brincando que o paciente se mostra criativo." (**Winnicott**, 1975)

"O jogo acontece somente em organismos capazes de metacomunicação e capazes de distinguir mensagens de tipos lógicos diferentes." (**Garvey** e **Bernott**, 1975)

"O caráter lúdico de um ato não vem da natureza do que é feito, mas da maneira como é feito... O brincar não comporta nenhuma atividade instrumental que lhe seja própria. Ele tira suas configurações de comportamentos de outros sistemas afetivos comportamentais." (**Bruner**, 1976-1983)

"Importância da exploração no jogo: a ausência de pressão do ambiente cria um clima propício para investigações necessárias à solução de problemas. Brincar leva a criança a tornar-se mais flexível e buscar alternativas de ação." (**Bruner**, 1976-1983)

"O brinquedo não pode ser isolado da sociedade que o criou e reveste-se de elementos culturais e tecnológicos do contexto histórico social." (**Jaulin**, 1979)

"O jogo é uma forma de infração do cotidiano e suas normas." (**Wallon**, 1981)

"O jogo é uma realidade móvel que se metamorfoseia conforme a realidade e a perspectiva do observador e do jogador." (**Trifu**, 1986)

"O jogo infantil era uma questão de sobrevivência... O jogo tinha um potencial muito pequeno para modelar ou alterar a vida... A capacidade de fugir da realidade através do jogo... não poderia ser mais do que um mito. Mas era um mito maravilhoso – criava uma ambigüidade moral, mostrando as coisas como se poderia pensar que deveriam ser, não como eram... No holocausto... o jogo... tornou-se uma forma instintiva para compreender o absurdo e para ajustar o irracional... o jogo infantil é um reflexo da humanidade... a humanidade e a inumanidade estão refletidas nas crianças." (**George Eisen**, 1988)

"Brincar é uma atividade realizada como plenamente válida em si mesma. Brincadeira é... qualquer atividade vivida no presente de sua realização e desempenhada de modo emocional, sem nenhum propósito que lhe seja exterior." (**Maturana**, 1993)

"Viver no brincar é viver nossa relação biológica sem tentar controlá-la pela instrumentalização de nossas ações e relações. É viver sem confundir o fazer com intenções que levem a atenção para além da ação." (**Maturana**, 1993)

"Brincar não é uma dinâmica interna do indivíduo, mas uma atividade dotada de uma significação social precisa que, como outras, necessita de aprendizagem." (**Brougère**, 1998)

"O brincar é compreendido como espaço de elaboração considerado como um laboratório do pensamento infantil constituído por uma linguagem simbólica singular apoiada em brinquedos, objetos de uso cotidiano, materiais de construção e baseada em regras que estejam diretamente associadas à infância." (**Referenciais Curriculares Nacionais**, 1998)

"O brincar traz de volta a alma da nossa criança: no ato de brincar, o ser humano se mostra na sua essência, sem sabê-lo, de forma inconsciente. O brincante troca, socializa, coopera e compete, ganha e perde. Emociona-se, grita, chora, ri, perde a paciência, fica ansioso, aliviado. Erra, acerta. Põe em jogo seu corpo inteiro: suas habilidades motoras e de movimento vêem-se desafiadas. No brincar, o ser humano imita, medita, sonha, imagina. Seus desejos e seus medos transformam-se, naquele segundo, em realidade. O brincar descortina um mundo possível e imaginário para os brincantes. O brincar convida a ser eu mesmo." (**Friedmann**, 1998)

"O brincar, assim como a arte, o movimento, a expressão plástica, verbal e musical, é uma das linguagens expressivas do ser humano." (**Friedmann**, 1998)

"Todo e qualquer jogo se diferencia de outras condutas por uma atitude mental caracterizada pelo distanciamento da situação, pela incerteza dos resultados, pela ausência de obrigação em seu engajamento. O jogo supõe uma situação concreta e um sujeito que age de acordo com ela." (**Henriot**, 1989)

"No brincar, objetivos, meios e resultados tornam-se indissociáveis e enredam a criança em uma atividade gostosa por si mesma, pelo que proporciona no momento da sua realização. O brincar é sério... e supõe disponibilidade. Para o adulto o brincar é a saudade ou a recuperação daquela criança que fomos um dia... O jogar é o brincar em um contexto de regras e com um objetivo predefinido. O brincar é um jogar com idéias, sentimentos, pessoas, situações e objetos... O jogar é uma brincadeira organizada, convencional, com papéis e posições demarcadas. O jogo é uma brincadeira que evoluiu. A brincadeira é o que será do jogo, é sua antecipação, sua condição primordial. A brincadeira é uma necessidade da criança; o jogo, uma de suas possibilidades à medida que nos tornamos mais velhos." (**Lino de Macedo**, 2005)

AÇÃO REFLEXIVA

Se você tivesse que argumentar junto a sua equipe de trabalho ou à comunidade sobre a importância do brincar na vida do ser humano, qual das definições acima você usaria para suscitar o debate? Que vivência lúdica você levaria a esses adultos para que "sentissem na pele" a transcendência do brincar?

AÇÃO DOCENTE

1 Depois de atenta leitura de todas essas definições, veja com quais concorda e crie sua própria definição.

2 Apresente a definição de sua autoria aos colegas, para suscitar o debate e a reflexão sobre o brincar contemporâneo.

AÇÃO PEDAGÓGICA

1 Divida sua turma de alunos em vários grupos e incentive-os a produzir um álbum de depoimentos sobre o que significa brincar para cada um deles. O trabalho pode ser enriquecido com fotografias, desenhos, pinturas etc.

2 Promova na classe um concurso de desenhos, pinturas e esculturas de brinquedos e jogos.

3 Faça uma pesquisa sobre cantigas de roda tradicionais e oriente as crianças a produzir uma representacão teatral.

Etimologia das palavras

Jogo tem origem no termo latino *jocus*, que significa "gracejo, graça, pilhéria, escárnio, zombaria". Em latim, essa é a palavra originalmente reservada para as brincadeiras verbais: piadas, enigmas, charadas etc.

Lúdico vem de *ludus*, que significa "jogo, divertimento, recreação" e deu origem às palavras aludir, iludir, ludibriar, eludir, prelúdio etc. Mas, originalmente, refere-se ao brincar não-verbal, à ação propriamente dita.

No século XIII, as palavras *jocus* e *ludus* eram usadas como sinônimas: "As palavras ou ações" – diz Tomás de Aquino – "nas quais só se busca a diversão chamam-se lúdicas ou jocosas, e a distração se faz pelas brincadeiras (*ludicra*) de palavra e ação (*verba et facta*)." Com o tempo, no entanto, *jocus* "desbancou" *ludus* e passou a significar também "jogo, divertimento, recreação".

Brincadeira é o ato ou efeito de brincar. Etimologicamente, "brincado + eira": significa divertimento, passatempo, distração.

Brincar, etimologicamente, é "brinco + ar". **Brinco** vem do alemão *Blinken*, "brilhar, cintilar", cujo sentido teria passado ao de "agitar-se". *Springen*, por sua vez, é "pular, saltar; divertimento, jogo de crianças".

Teorias e estudos sobre o jogo

O brincar tornou-se objeto de estudo sob diversos prismas, razão pela qual vem dando lugar a uma série de proposições. Não existe uma idéia universal a respeito, mas inúmeras teorias úteis para o conhecimento de aspectos particulares do comportamento lúdico. É difícil, pois, esgotar o assunto. Ocorreram avanços na forma como o brincar é conceituado e na busca de resultados de métodos de pesquisa por meio da prática cientificamente aceita.

Nos séculos XIX e XX, o paradoxo em torno do brincar levou os teóricos a enfrentar problemas quanto à sua definição. Foram dadas diferentes explicações de por que e quando o brincar acontece. Sugeriu-se, assim mesmo, seu funcionamento no processo de educação e desenvolvimento, à luz do argumento das vantagens e desvantagens da participação do adulto nesse processo. Nossa preocupação fundamental é a de oferecer um panorama amplo de vários estudos existentes.

Na prática, diversos educadores que trabalham com crianças têm proposto alternativas de utilização do brincar para promover o desenvolvimento infantil.

O brincar é, por conseguinte, um quebra-cabeça... Não se trata simplesmente, como se pensava, de um método para aliviar tensões ou energias contidas das crianças. Também não é uma atividade que "prepara" a criança para o mundo, mas é real para aquela que brinca. Verdadeiramente, brincamos, envolvemo-nos com paixão no ato de brincar, sem precisar, em absoluto, saber o que significa.

As contradições conceituais e metodológicas perduram. Porém, existe um movimento que promete expandir e fomentar os conhecimentos sobre a atividade lúdica. Para tanto, oferece informações que influenciam a prática educacional de forma bastante significativa.

A atividade lúdica é muito viva e caracteriza-se sempre pelas transformações, e não pela preservação, de objetos, papéis ou ações do passado das sociedades, conforme apontam diversos pesquisadores. Como uma atividade dinâmica, o brincar modifica-se de um contexto para outro, de um grupo para outro. Por isso a sua riqueza. Essa qualidade de transformação dos contextos das brincadeiras não pode ser ignorada.

Um exemplo dessas transformações é o jogo de saquinhos, também chamado cinco-marias ou jogo das pedrinhas e conhecido desde a Antigüidade como *jeux des osselettes* (jogo dos ossinhos). Em algumas cidades do interior do Brasil brinca-se com favos de mel e, nos Estados Unidos, com *jacks* (pecinhas de metal). Os objetos, bem como as regras, variam de país para país, de região para região.

À luz da obra de Schwartzman (*Transformations: the antropology of children's play*, 1978), vamos examinar sete grandes correntes teóricas sobre o brincar e uma breve síntese sobre os autores mais relevantes de cada uma delas.

Estudos evolucionistas e desenvolvimentistas – final do século XIX

A idéia de que a evolução cultural ocorria de forma similar à dos organismos biológicos teve muita influência no estudo da vida social. Foi nesse contexto que se iniciou o estudo do brincar infantil, atividade então interpretada pelos pesquisadores como sobrevivência das atividades da sociedade adulta.

O psicólogo americano Stanley Hall foi seu principal expoente e defendeu a idéia de que os estágios do brincar infantil recapitulavam toda a história biocultural do pensamento humano.

■ Difusionismo e particularismo: preservação do brincar – final do século XIX e início do século XX

Enfatizava-se a necessidade de preservar os "costumes" infantis, e as coleções lúdicas eram tratadas como relíquias. Imperava a idéia do brincar como característica universal de todas as culturas em virtude da difusão constante ou da unidade física do pensamento humano e do conservadorismo de todas as crianças.

Embora muito valiosa pela riqueza do material coletado, essa linha de pensamento é bastante controvertida: corre-se o risco de transformar essas coleções de jogos e brincadeiras em documentos mortos em contraposição à dinâmica, característica fundamental do brincar infantil.

As coleções e classificações expostas por essa corrente datam de 1883 a 1969. Entre seus principais representantes estão Newell, Babcock, Dorsey, Culin, Gomme, Roth, Best, Howard Mills, Brewster, Sutton-Smith, I. e P. Opie e Abrahams.

■ Análises funcionais: socializando o brincar – 1930 a 1950

Durante a era do **funcionalismo**, o estudo da socialização da criança e sobretudo o comportamento do brincar infantil foram negligenciados. À exceção das análises sobre jogos de adultos em várias sociedades, ignoraram-se considerações mais pormenorizadas sobre o brincar infantil, cuja ênfase voltou-se para o caráter imitativo do brincar em relação às atividades adultas. A melhor contribuição desses estudos reside no valor dado ao brincar como mecanismo socializador.

Glossário

Funcionalismo *Teoria que enfatiza a interdependência dos padrões e instituições de uma sociedade e o modo como interagem na preservação da unidade social e cultural.*

■ Análises do ponto de vista cultural e de personalidade: a projeção do brincar – 1920 até a década de 1960

O brincar era sempre o contexto das pesquisas de outras atividades. A observação do brincar espontâneo por meio do "diário do jogo", assim como as fotografias e anotações simultâneas para registrar o comportamento de crianças e adultos, foram inovações metodológicas importantes para o estudo de crianças e do brincar.

Outros estudos sobre a significação do brincar na cultura destacam sua importância como um sistema projetivo similar à arte ou à religião. É o caso dos estudos de Roberts e Sutton-Smith (1960-1970), que analisam os jogos em diferentes contextos culturais e reconhecem que eles são geradores e expressão da personalidade e da cultura.

Do ponto de vista da personalidade, vários estudos psicanalíticos do brincar infantil e do comportamento fantasioso foram realizados por psicólogos e psiquiatras que, salvo algumas exceções, como Winnicott, continuaram a tradição freudiana de utilizar o brincar para estudar outros comportamentos. Conseqüentemente, a idéia de que o brincar expressa – mas não gera – padrões de personalidade tem sido perpetuada por autores como Susan Isaacs, Anna Freud, Melanie Klein e Erick Erickson. Georges Herbert Mead (1934) afirma que "a criança passa do plano interpessoal (nos jogos livres) ao plano social (nos jogos organizados)".

São notórias a quantidade e sobretudo a qualidade dos estudos realizados nessa área cultural e da personalidade. Foram muito significativos os avanços para a compreensão da dinâmica do brincar infantil, linha de pensamento que leva ao entendimento do contexto da atividade lúdica.

Estudos de comunicação – décadas de 1950 a 1970

Naquela época, ressaltava-se a importância da comunicação no brincar. "O brincar acontece somente em organismos capazes de **metacomunicação** e capazes de distinguir mensagens de tipos lógicos diferentes."

Garvey e Bernott (1975) realizaram um estudo com crianças americanas sobre a comunicação no brincar, enumerando os tipos de comunicação de jogos e fazendo um levantamento pormenorizado de seus eventos.

Glossário

Metacomunicação
Intervenção sobre uma mensagem recebida.

Análise estruturalista e cognitivista – começo da década de 1950

Os enfoques são variados, mas todos concordam em que o brincar é um fenômeno da mente, que é visto como uma atividade expressiva ou geradora de habilidades cognitivas gerais e específicas. Os principais representantes dessa linha são Huizinga (1938), Callois (1961) e Piaget (1966). A teoria deste último é particularmente importante por oferecer uma perspectiva única na pesquisa sobre o jogo e por ajudar na compreensão de sua relação com a aprendizagem.

Piaget criou a epistemologia genética (*Lógica e conhecimento científico*, 1966), que é o "estudo da passagem dos estados inferiores do conhecimento aos estados mais complexos ou rigorosos". Em outras palavras, é uma matéria interdisciplinar que procura desvendar, por meio da experimentação, os processos fundamentais de formação do conhecimento da criança. No que diz respeito ao ato de brincar, Piaget o define como um comportamento que distorce a realidade "objetiva", servindo a um papel expressivo, mas não gerador, da constituição do pensamento na criança.

Huizinga define o jogo como "uma atividade livre, conscientemente tomada como não-séria e exterior à vida habitual, mas ao mesmo tempo capaz de absorver o jogador de maneira intensa e total. É uma atividade desligada de todo e qualquer interesse material, com a qual não se pode obter qualquer lucro, praticada dentro de limites espaciais e temporais próprios, segundo uma certa ordem e certas regras".

Os estudos de Vygotsky (1967), Bateson (1956), Sutton-Smith (1967), Sylva, Bruner e Genova (1976) atribuem ao jogo um papel expressivo no desenvolvimento de certas habilidades cognitivas. Psicólogos como Sutton-Smith e antropólogos como Sanches, Kirschemblat e Gimblett (1976) desenvolveram seu interesse pelo estudo do discurso do jogo.

As concepções sustentadas por essa linha de pensamento constituem a base teórica das idéias desenvolvidas nesta obra.

Glossário

Etológico *Relativo ou pertencente à etologia, tratado dos costumes, usos e caracteres humanos; estudo dos hábitos dos animais e de sua acomodação às condições do ambiente.*

Análise ecológica, etológica e experimental: definindo o brincar – década de 1970 em diante

Nesta última categoria, na definição operacional do brincar, "tem sido dada ênfase especial ao uso de critérios ambientais observáveis e/ou comportamentais. Este enfoque tem sido adotado para assegurar a objetividade da pesquisa e corrigir definições do passado". (Schwartzman, 1978, p. 323)

Alguns exemplos são os estudos de Pulaski (1970) e Fein (1975) sobre o efeito dos brinquedos (objetos) realistas *versus* os estruturados no comportamento infantil do brincar.

Os pesquisadores têm destacado a importância de pesquisar variáveis de contexto e de ambiente, mas têm excluído, muitas vezes, descrições detalhadas de textos de jogos.

Anderson e Mitchell (1977) sugerem uma nova idéia para pesquisas ecológicas: a de que os fabricantes de brinquedos têm uma das mais raras influências nas brincadeiras e jogos das crianças do Ocidente e do Oriente.

O interesse dos pesquisadores etológicos na formulação de definições comportamentais do brincar, baseadas em observações cuidadosas e sistemáticas conduzidas em "contextos naturais", constitui uma área significativa de estudo.

Os experimentalistas costumam usar o brincar como contexto para o estudo de outros contextos do comportamento infantil. Estudos que utilizam dois métodos, o etológico e o experimental, têm sido realizados por Corinne Hut, que examinou as relações entre exploração e jogo, e Jerôme e Dorothy Singer, que realizaram interessantes estudos sobre o faz-de-conta infantil. Outras pesquisas relacionam também brincar e criatividade ou **pensamento divergente**.

A obra de Schwartzman (1978) é uma coletânea bibliográfica das mais completas, fundamental para quem pretende se situar, num primeiro momento, em determinada linha de pensamento ou procurar referências, fontes ou trabalhos nos diferentes campos de estudo do brincar.

A classificação realizada não é definitiva nem fechada. Outros autores significativos na área do brincar infantil poderiam ter sido apontados. O objetivo foi oferecer um amplo panorama dos principais expoentes das áreas de psicologia, educação, sociologia, antropologia e comunicação e sintetizar com clareza os vários enfoques e concepções acerca do objeto em questão.

Glossário

Pensamento divergente
Segundo Joy Paul Guilford (1950), é "a capacidade de encontrar respostas inusitadas, às quais se chega por associações muito amplas".

AÇÃO DOCENTE

Na página 46, a autora afirma: "As concepções sustentadas por essa linha de pensamento [Análise estruturalista e cognitivista] constituem a base teórica das idéias desenvolvidas nesta obra".

1 Faça um trabalho de aprofundamento das idéias de um dos autores mencionados: Huizinga (1938), Callois (1961), Piaget (1966), Vygotsky (1967) e Sutton-Smith (1967).

2 Desenvolva o tema e o ponto de vista defendido pelo autor escolhido, a fim de obter uma compreensão mais apurada e familiar de seus pressupostos teóricos.

Imagens poéticas

A maturidade do homem significa ter adquirido novamente a seriedade que a gente tinha como crianças quando brincávamos.

Friedrich Nietzsche

Os deuses sempre brincam onde há bosques perto dos rios, montanhas e primaveras e nas cidades com jardins agradáveis.

De um templo hindu

Crianças e jogo no holocausto

O jogo infantil era uma questão de sobrevivência. Os líderes cívicos, assim como os educadores, esperavam que o jogo cercasse as crianças com um manto protetor – um refúgio espiritual onde as feridas do gueto não seriam vistas como tão terríveis. Essa noção era muito romântica, quase mística, a crença no poder do jogo, quase incidental. A importância dos mitos não está em se eles são verdadeiros ou falsos, mas em que de alguma forma eles estão aí quando as pessoas deles precisam. Com todas as suas influências positivas, o jogo tinha um potencial muito pequeno para modelar ou alterar a vida. De fato, os muros protetores levantados contra a realidade eram (...) frágeis criações que poderiam prover somente alguns momentos de genuína alegria e uma passageira protelação dos arredores depressivos (...).

(...) A capacidade de fugir da realidade através do jogo (...) não poderia ser mais do que um mito. Mas era um mito maravilhoso – criava uma ambigüidade moral, mostrando as coisas como se poderia pensar que deveriam ser, não como eram (...).

(...) No holocausto (...) o jogo (...) tornou-se uma forma instintiva para compreender o absurdo e para ajustar o irracional (...).

(...) O holocausto traz, porém, a mensagem de que o jogo infantil é um reflexo da humanidade e que, enfim, humanidade e inumanidade estão refletidas nas crianças.

Traduzido de: EISEN, George. *Children and play in the Holocaust.* Cambridge: University of Massachusetts Press, 1988.

(...) Se vemos os seres humanos fundamentalmente como criaturas criadoras de mitos (...) o jogo torna-se uma função mais importante e central na vida humana (...).

Brian Vandenberg

CAPÍTULO 3

A função educacional da atividade lúdica

As crianças são os personagens das brincadeiras. Os papéis mudam de um cenário para outro. E todas têm oportunidade de experimentar "pegar a outra ou serem pegas"; brincar com os amigos ou contra eles. Parece só uma brincadeira, mas é muito mais do que isso...

PEREZ VILLANUEVA, CA/CID

Crianças jogando bola em quadra de escola.

A atividade lúdica no contexto da educação

Nos capítulos anteriores, abordamos a questão do brincar em geral. Falamos de sua importância, suas características e seus principais estudos teóricos. Portanto, até aqui o brincar foi o assunto central. Contudo, a atividade lúdica pode ser enquadrada em contextos específicos. Neste capítulo, vamos examiná-la no tocante à educação.

Para pensar a atividade lúdica como meio educacional, devemos situá-la a partir da definição de objetivos mais amplos. Nessa linha, exporei sinteticamente meu entendimento desse contexto. Que papel tem a educação na sociedade?

A escola é um elemento de transformação da sociedade, e sua função é contribuir, junto com outros setores, para que as mudanças necessárias se efetivem. Para isso, deve considerar as crianças como seres sociais e trabalhar para que sua integração se dê de maneira construtiva. Nesse sentido, a educação deve privilegiar o contexto socioeconômico e cultural das crianças, reconhecendo as diferenças entre elas, seus valores e sua bagagem de conhecimentos. Além disso, deve propiciar a todas um desenvolvimento integral e dinâmico (cognitivo, afetivo, lingüístico, social, moral e físico-motor), bem como o acesso aos conhecimentos socialmente disponíveis do mundo físico e social. A educação deve instrumentalizar as crianças de forma que possibilite a construção de sua autonomia, criticidade, criatividade, responsabilidade e cooperação.

Tomando como base a concepção da criança como ser integral, constata-se que as atividades que ela realiza na escola têm um tratamento compartimentado: uma hora determinada para trabalhar a coordenação motora, outra para trabalhar a expressão plástica, outra para brincar sob a orientação do professor, outra para a brincadeira não-direcionada e assim por diante. Essa divisão não vai ao encontro da formação da personalidade integral das crianças nem de suas necessidades. Os indivíduos necessitam construir sua própria personalidade e inteligência. Tanto o conhecimento quanto o senso moral são elaborados pela criança em interação com o meio físico e social, passando por um processo de desenvolvimento.

JAVIER JAIME/CID

Grupo de crianças pintando em sala de aula.

A principal preocupação da educação deve ser a de propiciar a todas as crianças um desenvolvimento integral e dinâmico. Em relação ao conhecimento, é importante fazer corresponder os conteúdos ao conhecimento geral das crianças, aos seus interesses e às suas necessidades, além de desafiar sua inteligência.

No que respeita ao desenvolvimento moral, as crianças constroem normalmente seu próprio sistema de valores com base em sua necessidade de confiança nas outras. Esse processo é uma verdadeira construção interior. Por meio da construção autônoma, forma-se uma boa concepção de si, um ego íntegro e uma mente saudável.

Formar homens e mulheres sensíveis, criativos, inventivos e descobridores, espíritos capazes de criticar e distinguir entre o que está provado e o que não está, deve ser o principal objetivo da educação. Para ajudar os indivíduos a atingir níveis mais elevados do desenvolvimento afetivo e cognitivo, deve-se encorajar a autonomia e o pensamento crítico independente.

Num contexto em que a relação adulto–criança se caracteriza pelo respeito mútuo, pelo afeto e pela confiança (necessidades básicas das crianças), a autonomia terá um campo para se desenvolver, quer do ponto de vista intelectual, quer do socioafetivo:

a descentração e a cooperação são essenciais para o equilíbrio afetivo da criança, do qual depende seu desenvolvimento geral.

A aprendizagem depende em grande parte da motivação: as necessidades e os interesses da criança são mais importantes que qualquer outra razão para que ela se dedique a uma atividade. Ser esperta, independente, curiosa, ter iniciativa e confiança em sua capacidade de construir uma idéia própria sobre as coisas, assim como expressar seu pensamento com convicção, são características inerentes à personalidade integral da criança.

Para concretizar esses grandes objetivos, pensando na participação dinâmica da criança nesse processo, devem ser levados em conta seus interesses e necessidades, e o educador deve ter bem claras essas metas. Assim, ao pensar atividades significativas que respondam aos objetivos, é importante articulá-las de forma integrada, conforme a realidade sociocultural das crianças, seu estágio de desenvolvimento e o processo de construção cognitiva, valorizando o acesso aos conhecimentos do mundo físico e social.

Assim, na prática educacional, é interessante a construção progressiva de estratégias metodológicas que respondam aos objetivos formulados. Essa metodologia deve ser construída levando-se em conta a realidade de cada grupo de crianças, a partir de atividades que constituam desafios e sejam, ao mesmo tempo, significativas e capazes de incentivar a descoberta, a criatividade e o espírito crítico.

É nessas estratégias que quero situar a atividade lúdica como mais uma alternativa metodológica. Para tal, proponho um instrumento de análise que permite o aproveitamento desse recurso no âmbito da educação (ver *O brincar no cotidiano da criança*, de A. Friedmann, Moderna, 2006).

Aqui, deve-se prestar especial atenção para não considerar a atividade lúdica um único e exclusivo recurso de ação, já que essa seria uma postura ingênua. Trata-se de uma alternativa significativa e importante, mas seu uso não exclui outros caminhos metodológicos.

Partindo de uma concepção sócio-construtivista-interacionista do jogo, ou seja, pensando-o como meio de garantir a construção de conhecimentos e a interação entre os indivíduos, como vincular a atividade lúdica à função da escola? Como já foi apontado, a possibilidade de trazer essa atividade para o ambiente escolar é uma forma de pensar a educação sob uma perspectiva criadora, autônoma, consciente. Por meio da atividade lúdica, não somente se abre uma porta para o mundo social e para a cultura infantil, como se encontra uma rica possibilidade de incentivar seu desenvolvimento. A idéia de aproveitar a atividade lúdica como alternativa metodológica não prioriza sua utilização como mero instrumento didático.

Há um aspecto ao qual se deve dar especial atenção quando se trabalha com a atividade lúdica de forma mais consciente: o caráter de prazer e ludicidade que ela tem na vida das crianças. Sem esse componente básico, perde-se o sentido de utilização de um instrumento cujo intuito principal é o de resgatar a atividade lúdica, sua espontaneidade e, junto com ela, sua importância no desenvolvimento integral das crianças.

Analiso, a seguir, as principais idéias teóricas que sustentam minha proposta. Nesse sentido, as concepções construtivistas de Piaget vêm responder às idéias de desenvolvimento e aprendizagem que elaboro em seguida. As idéias de Vygotsky e seus discípulos foram relevantes para a compreensão da importância do contexto sociocultural e das interações sociais.

Desenvolvimento e aprendizagem

Piaget (1896-1980), o criador da epistemologia genética, dedicou-se à pesquisa epistemológica, com o propósito de responder à questão: como se constrói o conhecimento? Ao estudar as origens do conhecimento nas crianças, concluiu que ele se forma aos poucos, graças à construção progressiva do próprio sujeito no decorrer de uma atividade de adaptação.

Esta análise parte desse pressuposto e pretende expor, em linhas gerais, as concepções de desenvolvimento e de aprendizagem sob a perspectiva piagetiana.

O desenvolvimento cognitivo

Piaget deu muita importância ao caráter construtivo do desenvolvimento cognitivo na criança, rejeitando a visão de que as idéias são inatas, adquiridas sem esforço ou transmitidas hereditariamente. Também reconheceu que o desenvolvimento intelectual é produto da própria atividade da criança, que não pára de estruturar e reestruturar seu próprio esquema, de construir o mundo à medida que o percebe.

Glossário

Embriogênese *Início da formação do embrião.*

O desenvolvimento cognitivo é espontâneo, ligado ao processo geral da **embriogênese**, que diz respeito ao desenvolvimento do corpo, do sistema nervoso e das funções mentais. Trata-se de um processo de desenvolvimento total. Em outras palavras, refere-se à totalidade das estruturas de conhecimento.

Uma vez responsável pela formação dos conhecimentos, o desenvolvimento cognitivo é resultado de uma interação entre o sujeito – sua principal fonte – e o meio em que ele vive. A aquisição do conhecimento depende do desenvolvimento a que o sujeito está submetido. A assimilação de determinadas informações só é possível em certos níveis de desenvolvimento.

Para compreender como se desenvolve o conhecimento, devemos partir da idéia central de operação, que é um conjunto de ações modificadoras do objeto e que capacitam o conhecedor a construir as estruturas de transformação. Para conhecer um objeto é preciso agir sobre ele, modificá-lo, transformá-lo, compreender o processo dessa transformação e o caminho pelo qual é construído. A operação é, na compreensão de Piaget, um tipo particular de ação que constrói estruturas lógicas. Uma operação está sempre ligada a outra e é parte de uma estrutura total. Essas estruturas são a base do conhecimento.

O problema central do desenvolvimento é compreender a formação, a elaboração, a organização e o funcionamento das estruturas do conhecimento de natureza operativa. "As estruturas variáveis serão as formas de organização da atividade mental do ponto de vista intelectual, por um lado, e do ponto de vista afetivo, por outro" (Coll & Gillieron, O desenvolvimento da inteligência e a construção do pensamento racional. In: *Piaget e a Escola de Genebra*, 1987, p. 36).

Podem-se distinguir três estágios ou períodos de desenvolvimento que marcam o aparecimento dessas estruturas sucessivamente construídas:

- ► Período sensório-motor – do nascimento a um ano e meio de idade.
- ► Período da inteligência representativa – preparo e organização das operações concretas, compreende dois subperíodos:
  - Representações pré-operatórias
    1º estágio – dos dois aos três e meio/quatro anos
    2º estágio – dos quatro aos cinco anos
    3º estágio – dos cinco e meio aos sete/oito anos
  - Operações concretas – dos sete aos onze/doze anos
- ► Período das operações formais – construção das estruturas intelectuais próprias (raciocínio hipotético-dedutivo), que se divide em dois estágios:
  - 1º estágio – aos onze/doze anos
  - 2º estágio – até os quinze/dezesseis anos

É característica desses períodos a ordem de sucessão fixa: as idades podem variar de uma sociedade a outra, mas a ordem de sucessão é constante.

A análise gráfica a seguir objetiva ilustrar a noção de desenvolvimento elaborada por Piaget e será discutida adiante.

A noção de desenvolvimento através dos níveis de inteligência Equilibração: desenvolvimento progressivo

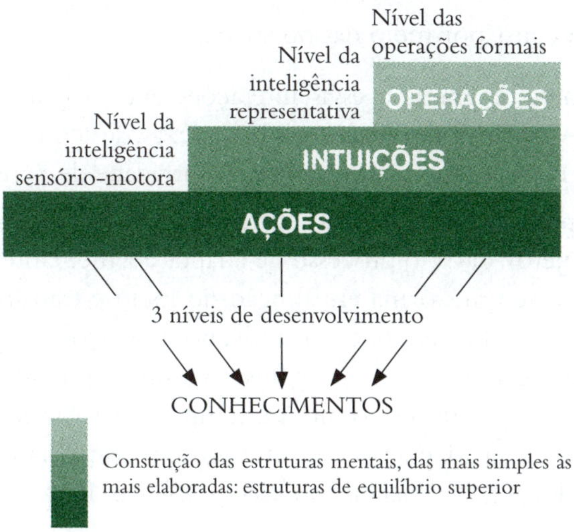

O desenvolvimento dos conhecimentos é um processo espontâneo de interação entre o sujeito e o objeto. Esse processo acontece em três níveis que se sucedem de forma fixa e estão representados no gráfico em forma de degraus. Pelas estruturas que o definem, cada período representa uma forma particular de equilíbrio.

A inteligência preexiste ao pensamento e à linguagem. Piaget, no entanto, distingue inteligência de pensamento.

- **Inteligência**: solução de um problema novo para o indivíduo; coordenação dos meios para atingir um fim. Não é acessível de imediato.
- **Pensamento**: inteligência interiorizada "que se apóia" sobre a evocação simbólica da linguagem, das **imagens mentais** que permitem representar o que a inteligência sensório-motora vai apreender diretamente.

Glossário

Imagem mental
Representação, imitação ou reprodução mental da forma de uma pessoa ou um objeto.

As fases de desenvolvimento da inteligência na criança são diretamente influenciadas pela hereditariedade e pela experiência adquirida por ela.

No desenvolvimento dos conhecimentos, o processo de interação espontânea entre sujeito e objeto se dá de forma diferente em cada um destes níveis:

- no primeiro, por meio das ações;
- no segundo, por meio das intuições;
- no terceiro, por meio das operações.

Portanto, é graças a essas interações entre sujeito e objeto (meio) – das mais simples às mais complexas, de acordo com cada um dos níveis – que se desenvolve a capacidade de conhecer.

No processo de interação entre o organismo e o meio (sujeito–objeto), dá-se o processo de adaptação, mediante o qual o indivíduo se transforma em função do meio e transforma este último, na medida em que o assimila por suas ações e operações. "De uma maneira geral, o organismo assimila incessantemente o meio à sua estrutura, ao mesmo tempo que acomoda a estrutura ao meio, a adaptação constituindo um equilíbrio entre tais trocas" (Piaget, *Problemas de psicologia genética*, p. 190).

ADRIANA FRIEDMANN

Ao interagir com o objeto (balanço), a criança apreende o movimento e o objeto em si.

O resultado específico do pensamento seria atingir um equilíbrio permanente entre a assimilação do universo ao sujeito e a acomodação do sujeito aos objetos.

A ação de uma pessoa (sujeito) sobre o meio (objeto) ocorre com uma estruturação da experiência. Para Piaget, a interação meio–organismo é responsável pela capacidade de conhecer, ou seja, pela própria construção das estruturas mentais. Essas trocas organismo–meio acontecem em diferentes níveis, dos mais elementares aos das trocas simbólicas.

As estruturas mentais são construídas aos poucos, graças às perturbações do meio e à possibilidade de reação do sujeito. São resultado da gênese, que é a passagem de uma estrutura mais simples para outra mais complexa.

Do mecanismo de interação sujeito–objeto, faz parte o equilíbrio das estruturas cognitivas, que deve ser concebido como compensação das perturbações exteriores por meio das atividades do sujeito, que serão as respostas a essas perturbações. "O desenvolvimento, portanto, é uma equilibração progressiva, uma passagem contínua de um estado de menor equilíbrio para um estado de equilíbrio superior" (Piaget, *A formação do símbolo na criança*, 1964, p. 11). Essa lei se dá tanto no campo da inteligência como nos âmbitos da vida afetiva e das relações sociais.

Analisaremos, no gráfico a seguir, o que acontece em cada nível de desenvolvimento.

Como acontece o desenvolvimento em cada nível

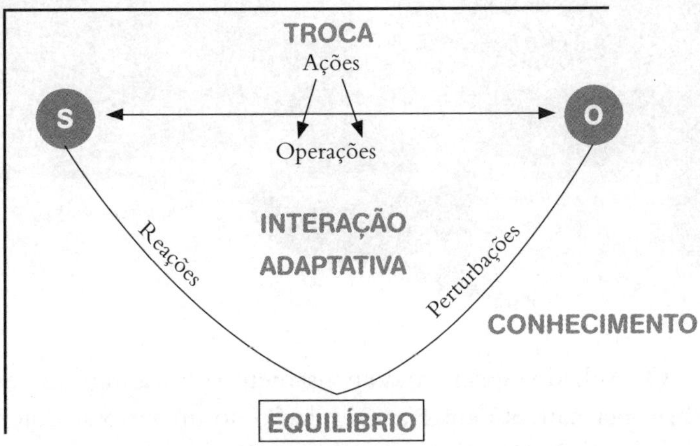

Em cada um dos três níveis de desenvolvimento, representados por um degrau no gráfico, há uma troca entre sujeito (S) e objeto (O) ou meio. Essa troca ocorre mediante ações (no nível mais simples) e operações (no nível mais complexo) que transformam o objeto (O) e fazem com que o sujeito (S) conheça e ao mesmo tempo transforme o meio (O). O sujeito conhece o meio por intermédio de uma adaptação recíproca: S ↔ O. É a partir das perturbações do meio ou objeto (O) e das reações do sujeito (S) que as estruturas mentais se constroem. O resultado desejável seria atingir um equilíbrio entre sujeito e objeto.

Vejamos um exemplo: no subperíodo das representações pré-operatórias, uma criança de quatro anos (S) brinca com sua boneca (O); ela atua no nível das intuições. Ela "penteia" a boneca, "dá banho" nela, põe para "dormir". A boneca fica "arrumada e limpa", "dorme" etc. Essa troca leva a criança a ter reações, e a boneca, a ter perturbações (modificar-se). Assim, a criança vai conhecendo, construindo suas estruturas mentais.

ALEX SALIM

Meninas dando banho em boneca.

Piaget distingue, ainda, quatro fatores necessários ao desenvolvimento:

- Fatores biológicos (hereditariedade e maturação interna). A maturação não explica tudo, porque a idade média cronológica na qual esses estágios aparecem varia de um indivíduo a outro.
- Experiências com objetos físicos (ação sobre os objetos). A experiência física distingue-se da experiência lógico-matemática.
- Fatores sociais de transmissão e coordenação entre indivíduos nos planos cultural e educacional. Para receber informações, a criança precisa de uma estrutura que a capacite a assimilá-las.
- Fatores de equilibração (os fundamentais). Trata-se de um processo ativo de auto-regulação. Esse processo toma a forma de uma sucessão de níveis de equilíbrio.

Segundo Vygotsky, entre certo nível de desenvolvimento e a capacidade potencial de aprendizagem, há uma relação cuja definição deve ser determinada por dois níveis:

- Desenvolvimento efetivo (funções psico-intelectuais) – define a idade mental da criança por meio da aplicação de testes.

- Desenvolvimento potencial – definido pela diferença entre o nível das tarefas realizáveis com o auxílio de adultos e aquele das tarefas que podem ser desenvolvidas de maneira independente.

A característica essencial da aprendizagem, segundo Vygotsky, compreende a área de desenvolvimento potencial. Ela faz nascer, estimula e ativa, na criança, processos internos no âmbito das inter-relações com outros, que são absorvidos pelo curso do desenvolvimento e se convertem em **aquisições internas**.

Glossário

Aquisição interna *Estágio do desenvolvimento intelectual da criança em que a fala e a atividade prática, que até então seguiam linhas completamente independentes, convergem-se e dão origem a formas especificamente humanas de inteligência prática e abstrata. É o momento da internalização ou reconstrução interna (mental) de operações externas (materiais).*

A aprendizagem

Na concepção de Piaget, a aprendizagem se opõe ao desenvolvimento, uma vez que é geralmente provocada por situações criadas pelo educador, psicólogo ou pesquisador, ou determinada por uma situação interna. Sendo a aprendizagem provocada, ela também se opõe à espontaneidade.

A aprendizagem é um processo de aquisição decorrente da experiência (a atuação do sujeito sobre o meio). A transformação do objeto depende, em cada momento, dos esquemas assimiladores disponíveis do sujeito. Estes são indispensáveis à aprendizagem, porque objeto de uma construção do sujeito a partir da sua ação sobre a realidade. Aprender é assimilar o objeto a esquemas mentais. A aprendizagem é, portanto, uma aquisição que ocorre em razão do desenvolvimento.

A relação fundamental envolvida em todo desenvolvimento e em toda aprendizagem é a assimilação, como a "integração de algum tipo de realidade em uma estrutura". Se houver assimilação ativa, haverá aprendizagem, que é função dos instrumentos lógicos à disposição dos indivíduos.

A aprendizagem das estruturas parece comportar uma lógica inerente ao seu funcionamento, indo da percepção às **estruturas indutivas** e **dedutivas**, que acabam por substituir a aprendizagem como tal.

Existem dois tipos de experiência:

- **Experiência física**, que consiste em agir sobre os objetos para descobrir as propriedades que deles podem ser abstraídas. Portanto, refere-se aos conteúdos assimilados.

- **Experiência lógico-matemática**, que consiste em agir sobre os objetos para descobrir as propriedades abstraídas das ações do sujeito. Seus resultados vinculam-se às coordenações das ações, às estruturas do sujeito. Esse tipo de experiência revela o aspecto construtivo das estruturas mentais.

Há uma coincidência entre a modalidade de aprendizagem nas crianças e o estágio operatório no qual elas se encontram. É bem melhor esperar que a estrutura operatória da criança se desenvolva para observar a incidência de outras modalidades de aprendizagem.

Castro (*Piaget, a didática: ensaios*, 1974, p. 101) sintetiza claramente a perspectiva de Piaget: "verifica-se que o aparato experimental procura resposta à questão do processo pelo qual se adquirem os conhecimentos. Distinguem-se processos que mais se vinculam à experiência do sujeito em função do meio, e outros que derivam da própria consistência interna de sua organização mental". O produto obtido (o conhecimento) corresponde, na primeira categoria, à aprendizagem de caráter operativo (dos hábitos às operações) e, na segunda, às aprendizagens "que constituem aquisições sobre os objetos em si mesmos".

Outra distinção é feita entre a aprendizagem de **formas** e a de **conteúdos**, produto de uma diferenciação progressiva entre a coordenação de ações e seus resultados. O desenvolvimento é o processo essencial, e cada elemento da aprendizagem ocorre como função do desenvolvimento total, e não como elemento que o explica.

O gráfico a seguir ilustra o processo interno de aquisição de uma resposta particular aprendida em função da experiência: a aprendizagem.

Glossário

Estrutura indutiva
Raciocínio que parte dos fatos para as leis gerais ou dos efeitos para as causas.

Estrutura dedutiva
Raciocínio que parte dos princípios gerais para os casos particulares ou das causas para os efeitos.

O processo de aprendizagem

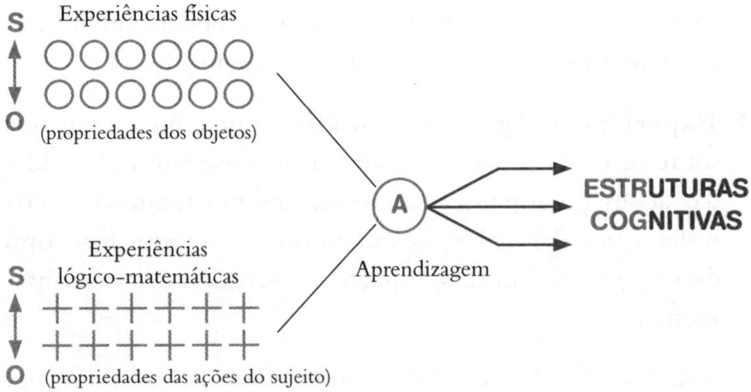

Há aprendizagem Ⓐ se houver resposta específica a dada experiência, e esta última só acontece se houver interação entre sujeito e objeto. 

De acordo com Piaget, as experiências se classificam em:

- **físicas**, representadas no gráfico por , que se referem às propriedades dos objetos, abstraídas da ação do sujeito (S) sobre os objetos;
- **lógico-matemáticas**, representadas no gráfico por 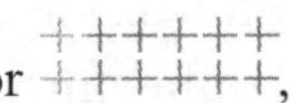, que pressupõem uma ação sobre os objetos para descobrir as propriedades abstraídas das ações do sujeito (S).

Os resultados das experiências – as aprendizagens  – dizem respeito às estruturas do sujeito. 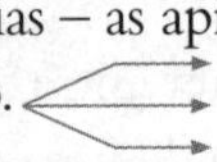

A criança aprende em função do seu estágio de desenvolvimento, da estrutura cognitiva que possui.

O gráfico a seguir mostra como se situa a aprendizagem em função do desenvolvimento, ou seja, a aprendizagem segue sempre o desenvolvimento ao qual está subordinada.

Se uma estrutura se desenvolve espontaneamente e atinge o estado de equilíbrio, ela deve perdurar por toda a vida da criança. Cada experiência específica de aprendizagem deve ser encarada de acordo com as operações espontâneas presentes no ato e no início, bem como de acordo com o nível operacional alcançado depois da experiência de aprendizagem.

Situação da aprendizagem em função do desenvolvimento

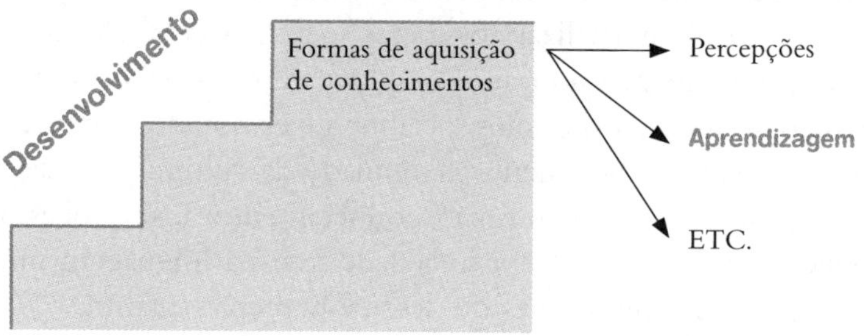

O conhecimento dos indivíduos depende do seu estágio de desenvolvimento, e é a partir das suas diversas formas de aquisição (experiências físicas ou lógico-matemáticas) que se dá a aprendizagem.

A atividade lúdica oferece uma importante contribuição para o desenvolvimento cognitivo, pois propicia o acesso a mais informações e torna mais rico o conteúdo do pensamento infantil. Paralelamente, consolida habilidades já dominadas pela criança, bem como sua prática em novas situações.

A importância das interações sociais e do contexto sociocultural

De acordo com a teoria interacionista-construtivista, no processo de construção do conhecimento, as interações sociais da criança devem ser distinguidas de outras interações, bem como das dos adultos. Graças às suas experiências sociais, a criança tem acesso à cultura, aos valores e conhecimentos historicamente criados pelo homem. Vygotsky salienta ainda a importância da atividade da criança na construção de seu conhecimento, tanto na família quanto na comunidade.

Leontiev (1903-1979) amplia essa idéia ao afirmar que, além da experiência individual, existe no homem a experiência histórico-social, que é o produto do desenvolvimento transmitido de uma geração para outra.

Ao se aprofundar no estudo do papel das experiências sociais e culturais a partir da análise do jogo infantil, Vygotsky afirma que a criança transforma, graças à imaginação, os objetos produzidos socialmente. Ressalta ainda a importância dos signos para a criança "internalizar" os meios sociais. A certa altura de seu desenvolvimento, a criança amplia os limites de sua compreensão, ao integrar símbolos socialmente elaborados – valores, crenças sociais, conhecimento acumulado da cultura e conceitos científicos – ao seu próprio conhecimento. Esse processo **dialético** entre a criança e a sociedade tem na linguagem um dos signos mais importantes do desenvolvimento infantil.

Glossário

Dialético *De diálogo, de troca.*

ADRIANA FRIEDMANN

Grupo de crianças na saída de escola em São Paulo.

Considerando o conhecimento social mais amplo e a melhoria do comportamento em prol do social, a atividade lúdica pode ser muito significativa. No entanto, também pode ser um meio de promover aprendizagens ou de induzir comportamentos que os adultos não desejam encorajar. Durante a atividade lúdica, a criança pode ser despertada pela consciência de conhecimentos sociais, que poderão ajudá-la no desenvolvimento de uma compreensão positiva da sociedade e na aquisição de diversas habilidades.

■ O desenvolvimento da linguagem

A linguagem, forma de representação verbal, é uma habilidade básica no processo de desenvolvimento. De acordo com Piaget, só aparece após o pensamento, que por sua vez depende sobretudo da coordenação de esquemas sensório-motores.

Por ser uma forma de comunicação e expressão, a linguagem constitui um meio de interação social. Falar, ler e escrever são recursos de que o indivíduo se serve para ter acesso aos conhecimentos construídos pela história e pela sociedade. Paralelamente, a linguagem permite desenvolver a memória, a imaginação e a criatividade, bem como – e muito especialmente – passar do pensamento concreto ao mais abstrato. A linguagem é, portanto, o meio básico de comunicação social dos indivíduos. Até adquirir essa habilidade, a criança se vale da atividade lúdica para comunicar seus pensamentos e sentimentos.

Já que está intimamente relacionada à representação simbólica, a atividade lúdica reflete e facilita o seu desenvolvimento.

■ O desenvolvimento afetivo

À medida que a criança se desenvolve e interage com o meio e o grupo, são desenvolvidas sua identidade, auto-imagem positiva e personalidade. A afetividade é uma constante no processo de construção do conhecimento; é ela que, de fato, vai influenciar o caminho da criança na escolha de seus objetivos.

Amor, ódio, agressividade, medo, insegurança, tensão, alegria ou tristeza são alguns dos afetos mais comuns, com os quais cabe ao educador lidar para encaminhar a criança em seu processo de desenvolvimento.

A motivação é outro fator que influencia o desenvolvimento. Se ela for significativa, a criança vai se esforçar para desenvolver atividades mais complexas. Se a criança estiver afetivamente perturbada, sofrerá um bloqueio no desenvolvimento geral, uma vez que os problemas afetivos consumirão suas energias.

Na pré-escola, a atividade lúdica espelha e melhora o progresso da criança; na idade escolar, mediante a auto-afirmação, essa atividade vai ajudá-la na tarefa de consolidação do eu. É por seu intermédio que se pode comprovar a importância dos intercâmbios afetivos das crianças entre si ou com os adultos significativos – pais e professores. A atividade lúdica é uma "janela" da vida emocional das crianças.

A oportunidade de a criança expressar seus afetos e emoções através do brincar só é possível num ambiente e espaço que facilitem a expressão. A tarefa de criar essas condições, no entanto, é do adulto.

■ O desenvolvimento físico-motor

A psicomotricidade requer a necessidade de a criança expandir seus movimentos. Assim como o conhecimento, o sujeito constrói os movimentos, construção que não depende apenas de "recursos biológicos e psicológicos", mas também de "condições do meio ambiente no qual ela vive" (J. Batista Freire, *Educação de corpo inteiro*).

A criança se desenvolve graças à exploração do corpo e do espaço. Para Piaget, a ação psicomotora é precursora do **pensamento representativo** e do desenvolvimento cognitivo. A interação da criança em ações motoras, visuais, táteis e auditivas sobre os objetos do seu meio é essencial para o seu desenvolvimento integral. A atividade sensório-motora é especialmente importante para o desenvolvimento de conceitos espaciais e da habilidade de utilizar termos lingüísticos correlatos.

A atividade lúdica é um meio básico mediante o qual se dá o desenvolvimento físico-motor. O equipamento utilizado e os espaços pensados para a brincadeira são fundamentais para a motivação de diferentes tipos de jogos motores.

Glossário

Pensamento representativo
Pensamento em que a representação começa a aparecer na forma da permanência do objeto, ou seja, entendendo-se que os objetos têm substância, mantêm suas identidades quando mudam de lugar e continuam a existir quando estão fora do alcance da vista.

A introdução de jogos estruturados que estimulem o desempenho físico-motor nunca foi tão importante como hoje em dia, quando a brincadeira infantil vem sendo comprometida por atividades sedentárias, como ver televisão e brincar com jogos no computador.

Para o desenvolvimento físico-motor, o brincar tem papel fundamental e deve ser aproveitado num trabalho integrado com áreas afins.

O desenvolvimento moral

O desenvolvimento moral é também um processo interior de construção. As regras exteriores são adotadas como se fossem da criança, quando ela as constrói de forma voluntária, sem pressões. A criança cria sua própria regra moral quando resolve "sacrificar certos benefícios imediatos em proveito de uma relação recíproca de confiança com o adulto ou com outras crianças" (**Kamii**). Essa relação é a base para o desenvolvimento da autonomia, que só é obtida com a cooperação.

Nessa linha de pensamento, Piaget constata que a forma mais interessante de promover a cooperação, fator essencial do progresso intelectual, é o trabalho em grupo.

Os jogos em grupo, norteados por regras convencionais, arbitrárias, fixadas por convenção e consenso, são particularmente interessantes. "Os papéis de cada criança são interdependentes, pois um não pode existir sem o outro; são opostos, pois um tem que prever o que o outro vai fazer, o que implica a possibilidade de usar de estratégia; são colaboradores, pois o jogo não pode acontecer sem um mútuo acordo dos jogadores nas regras, e uma cooperação, seguindo-as e aceitando suas conseqüências" (Kamii & **DeVries**, 1980, p. 2).

Os jogos são sistemas complexos de regras, e as regras morais, por sua vez, foram recebidas pelas gerações anteriores de adultos, ao passo que os jogos sociais comportam regras elaboradas pelas crianças. Na transmissão das regras do jogo de bolinhas, por exemplo, os mais velhos passam primeiro às crianças a forma de brincar. Já nas instituições lúdicas há realidades espontâneas e ricos ensinamentos.

QUEM É Constance Kamii

Constance Kazuko Kamii, psicóloga nipo-americana nascida na Suíça, é doutora em Educação e Psicologia e foi aluna e colaboradora de Jean Piaget. Atualmente é professora da Universidade do Alabama, nos Estados Unidos.

QUEM É Rheta DeVries

Rheta DeVries é professora na University of Northern Iowa's Regent's Center for Early Developmental Education, em Cedar Falls, Iowa, EUA. Escreveu vários livros em co-autoria com Constance Kamii a respeito do currículo da educação infantil, influenciando a área de matemática e o ensino construtivista em sala de aula.

No jogo estão compreendidas:

- a cooperação e a autonomia;
- a consciência da regra;
- a consciência da razão de ser das leis.

Todas as áreas de desenvolvimento foram analisadas de forma independente para melhor caracterização. No ser humano, porém, elas existem integradas, o que não permite isolá-las umas das outras.

Imagens poéticas

Negra jogada amarela

– O que a gente vai jogar? – eu perguntava.

Pergunta que fazia parte do ritual, porque, se eu trazia o carvão e a pedra, só podia ser o jogo da amarelinha. Ela se punha de joelhos, atirava as tranças para as costas e com o carvão ia traçando as linhas na calçada. Era rápida, segura. A mão experiente riscava em primeiro lugar as duas trilhas de quadrados paralelos. Em cada quadrado, o número que ia de um a dez, números grandes demais para os quadrados amontoados, como seus dentinhos. No alto, com a imponência de um diadema coroando os últimos números, ficavam o céu e o inferno. Com o purgatório no meio, estreito naco de espaço que servia de descanso para quem conseguisse chegar até lá, pulando num só pé e chutando a pedra de número em número. De casa em casa, sem erro: se a pedra ou o pé caíssem no meio do risco, o jogador queimado teria que voltar e recomeçar novamente. Um jogo parecido com aquele doce da paciência. Mais do que da paciência, da intuição – não era estranho? Eu tinha que ter a ousadia, a ambição de um vencedor. Ao mesmo tempo, ser dócil, me banhar na inocência, nem timidez nem soberba, que a confiança em excesso tirava o senso da medida, perigoso estimular demais o jogador que pode ficar imprudente, se descobrir – ô Kalina! A paixão. A cólera. O riso fácil, o choro mais fácil ainda. O pânico. Se não me esfriava no cálculo, a pedra passava dos limites, saltava quadrados, varava céus, infernos e a jogada estava perdida. Esse nome amarelinha vinha da minha cara amarela de medo? Mas esse jogo sempre existiu muito antes de mim, com outras caras antiqüíssimas jogando com uma Kalina atenta mas não propriamente envolvida. Fazia o traçado, cruzava os braços e ficava ali ao lado, mansa, o labiozinho nem piedoso nem irônico, "vai, Vera! Joga".

Eu obedecia. O jogo tinha regras próprias, diferente das outras amarelinhas do bairro. Eram outros também os prêmios. Apenas não variava a curvatura do diadema com seus anjos e diabos que não ficavam parados em suas casas; ao contrário, trançavam pelo caminho, se renovando num rodízio completamente imprevisível, a pasmaceira às vezes. (...)

Outra singularidade desse jogo: enquanto lá estava eu aos pulos, nunca me dava conta se perdia ou ganhava, sem perspectiva para avaliar o que estava acontecendo realmente. Me alegrava, me entristecia, ficava humilde, investia com insolência – mas se me perguntassem se estava feliz assim em cima da hora, assim em cima do número! não saberia responder. (...)

TELLES, Lygia Fagundes. Negra jogada amarela. In: *Criança brinca, não brinca?* São Paulo: Rhodia, [s. d.]. p. 21-30. (Antologia de contos – edição especial)

AÇÃO REFLEXIVA

Você acha possível traçar um perfil integral de seus alunos: cognitivo, afetivo, social, moral, físico-motor e da linguagem? Procure observar as crianças e refletir sobre isso, a fim de obter um conhecimento mais aprofundado de cada uma e tomar decisões mais conscientes na definição de atividades que atendam às reais necessidades e aos interesses delas.

AÇÃO PEDAGÓGICA

1 Seguindo as colocações de Piaget acerca dos estágios de desenvolvimento da criança, observe seus alunos e reflita sobre o período em que se encontram.

2 Peça aos alunos que montem uma peça de teatro para expor suas brincadeiras prediletas. Trata-se de uma ótima oportunidade para observar o potencial de desenvolvimento de cada criança.

CAPÍTULO 4

Definição e transformação das brincadeiras tradicionais

Lembrar de onde surgiram as brincadeiras não é querer ser nostálgico; é, sim, resgatar um "tesouro" guardado na nossa infância, na dos nossos pais e avós. Quem me ensinou esta brincadeira foi meu avô. Ele brincava na rua quando era criança, só que com bola de meia.

Crianças jogando bola na Rua Dom Bosco, no bairro da Mooca, SP, no início do século XX.

O que são brincadeiras tradicionais

A noção de brincadeira tradicional compreende o contexto mais amplo da cultura da qual faz parte o folclore e, mais especificamente, a cultura infantil.

Como conhecimento científico, o folclore nasceu de uma necessidade da **filosofia positivista** de Augusto Comte, do **evolucionismo** inglês de Darwin e Spencer e de uma necessidade histórica da burguesia, que se propunha uma questão pragmática: determinar o conhecimento peculiar do povo por meio dos elementos materiais e não-materiais que constituíram sua cultura.

Luís da Câmara Cascudo define folclore como "a cultura do popular tornada normativa pela tradição". A *Carta de folclore brasileiro* (1951) o estabelece como integrante das ciências antropológicas e culturais. "As maneiras de pensar, sentir e agir de um povo, preservadas pela tradição popular e pela imitação (...), constituem o fato folclórico..." (Brandão, 1982, p. 24).

Para os folcloristas, o objeto do folclore é a ciência do saber popular. Sob outra perspectiva, entendem que os valores considerados sobrevivências são mais acessíveis a um número maior de indivíduos, uma vez que sua transmissão se faz por processos informais, pelo intercâmbio cotidiano, ao passo que a educação sistemática, veículo comum do pensamento científico, abre-se na maioria dos países a um número bem mais restrito de pessoas.

A condição da dinâmica do folclore é o respeito às características de fato de aceitação coletiva, anônima ou não, e essencialmente popular. Quando se afirma que diz respeito às tradições populares, não se pode entender que o folclore seja sobrevivência intocada, que foi criativo e dinâmico tão-somente no tempo, no lugar e no grupo em que se originou: em qualquer cultura, tudo é movimento. O ser humano faz, refaz, inova, recupera, retoma o antigo e a tradição, inova outra vez, incorpora o velho ao novo e transforma um como poder do outro.

Uma das características mais críticas do folclore é a tradição. Muitas vezes, uma cultura é popular e tradicional porque se transforma numa resistência política significativa e dinâmica às inovações impostas pelas classes dominantes. O folclore é "popular, anônimo, coletivizado, tradicional e persistente, funcional à sua cultura e passível de modificações. Esses indicadores são

Glossário

Filosofia positivista

Filosofia que nega que a explicação dos fenômenos naturais, assim como dos sociais, provenha de um só princípio. A visão positiva dos fatos abandona a consideração das causas dos fenômenos (Deus ou a natureza) e torna-se pesquisa de suas leis, vistas como relações constantes entre fenômenos observáveis.

Evolucionismo

Teoria de Charles Darwin que explica a diversidade de espécies de seres vivos por meio da evolução e da seleção natural. De acordo com esse pensamento, existiriam características biológicas e sociais que determinariam a superioridade de uma pessoa sobre outra. Nesse caso, as pessoas que se enquadrassem nesses critérios seriam as mais aptas.

QUEM FORAM Augusto Comte, Charles Darwin e Herbert Spencer

Augusto Comte (1798-1857), filósofo francês, foi o criador da sociologia. Em sua ciência, chamada inicialmente de ▶

considerados nos contextos sociais onde existe e se reproduz a criação popular" (Brandão, 1982, p. 42).

O folclore é cultural e politicamente ativo. Decodifica a identidade e reproduz os símbolos que consagram um modo de vida de classe. Por isso é tradicional: o que pode ser "antiquado" e "conservador" do ponto de vista das classes dominantes, "mas que é vivo e atual para as classes produtoras e useiras de sua própria cultura" (Brandão, 1982, p. 42).

Outra característica do folclore é a sua transmissão oral, por imitação e sem organização de situações formais de ensino-aprendizagem, de pessoa para pessoa, de grupo para grupo, de geração para geração.

As manifestações folclóricas podem ser inseridas entre os mais persistentes e visíveis elementos de certas formas de atuação social; podem ser sobrevivências de um passado mais ou menos remoto. Em momentos de crise social, o folclore funciona como elo entre o presente e o passado, resgatando valores sociais e facilitando desse modo a sua preservação.

O folclore infantil é parte integrante da cultura folclórica; é a manifestação da riqueza natural da criança: suas potencialidades físicas, corporais, motoras, sensoriais, intelectuais, emocionais e sociais. Florestan Fernandes destaca-se entre os inúmeros pensadores que sistematizaram o folclore infantil.

Os folguedos tradicionais das crianças e suas formas de agregação social são parte do folclore infantil. É por meio deles que as crianças alargam sua área de contatos humanos, experimentam de modo mais acessível os prazeres e o significado das atividades organizadas em grupo, os diferentes papéis de subordinação e dominação entre pessoas dos mesmos estratos sociais e se identificam com interesses e valores cujas polarizações de lealdade transcendem o âmbito da família.

É também mediante o folguedo folclórico que a criança, além de aprender, interage com outras crianças e adultos e adquire uma experiência social de completa significação para o desenvolvimento de sua personalidade. Os elementos do folclore infantil tradicional constituem grande parte do patrimônio lúdico das crianças; são valores do passado, da nossa formação, que constituem o **ambiente moral** em que nos formamos.

física social, ele usaria da observação, experimentação, comparação, classificação e filiação histórica como método para a obtenção dos dados reais. Comte teve o mérito de afirmar que os fenômenos sociais podem ser percebidos como os outros fenômenos da natureza, ou seja, obedecendo a leis gerais.

Charles Darwin (1809-1882), naturalista britânico, alcançou fama ao convencer a comunidade científica da ocorrência da evolução e propor uma teoria para explicar como ela se dá por meio da seleção natural e sexual. Essa teoria se desenvolveu no que é agora considerado o paradigma central para a explicação de diversos fenômenos na biologia.

Herbert Spencer (1820-1903), filósofo inglês, foi um dos representantes do positivismo. Para ele, a filosofia deve ser muito precisa quanto à evolução e esclarecer, com base nela, os mais variados problemas. Acreditava também que a evolução é um princípio universal e eterno.

Glossário

Ambiente moral
Âmbito de valores, costumes e ética de comportamento do ser humano.

No que se refere ao ambiente social, no entanto, o processo de desenvolvimento dos elementos do folclore infantil muda continuamente no tempo. Existe o que poderia ser chamado de um papel integrador do folclore infantil, modificações meramente formais e não de conteúdo, que influenciam as transformações nas atitudes dos indivíduos.

O folclore infantil serve ainda como veículo de transmissão de elementos culturais, uma vez que os elementos folclóricos da cultura infantil são aprendidos na rua e provêm da cultura dos adultos. Por aceitação, transferem-se para as crianças e permanecem entre elas.

CID

Crianças paulistanas brincando com carrinho, c. 1930.

Esses elementos sofreram modificações quanto à forma: conservam a mesma função social juntando valores sociais e tradicionais transmitidos pela recreação. Desse modo, as crianças asseguram a continuidade tradicional, mesmo recorrendo a elementos de sua cultura.

As brincadeiras tradicionais infantis são uma forma especial da cultura folclórica, que se opõe à cultura escrita, oficial e formal. O que as distingue e caracteriza são seus critérios de formação e seu mecanismo de transmissão, os quais fazem delas um tipo de folclore infantil e da cultura popular em geral. Anonimamente criadas e modificadas num processo de esforço coletivo, elas são a produção espiritual do povo acumulada através dos tempos.

O estudo das brincadeiras tradicionais vem de longa data. A primeira coleção de brincadeiras folclóricas foi publicada em 1283 pelo rei de Castela, Afonso X, o Sábio. Atualmente, a herança cultural inclui várias coleções e estudos de brincadeiras tradicionais e brincadeiras em geral, que podem ser divididos em dois grupos.

■ Grupo 1

Fazem parte deste grupo os estudos etnológicos de A. Tyler; E. Gomme; F. M. Fournier; T. Bohme; Djordjervić etc. Segundo esses pesquisadores, as brincadeiras tradicionais representam rudimentos de antigos costumes, cultos e rituais. São a "extensão", a "reminiscência", compreendem os traços da "Antigüidade" e mostram um pouco daquilo que se foi. São estudos ricos em análises das origens das brincadeiras tradicionais, cujas portadoras e transmissoras são as crianças.

Dos estudos etnológicos contemporâneos, o mais importante sobre brincadeiras tradicionais é o de **I. & P. Opie**, considerados os representantes de uma tendência em pesquisas a respeito do assunto. Levando-se em conta que o jogo é um organismo vivo, o trabalho desses pesquisadores é voltado às brincadeiras tradicionais praticadas pelas crianças todos os dias e que constituem, ao lado das criações verbais, um folclore infantil separado, que integra sua atual vida social. O jogo é um sistema que regula a vida social das crianças, afirma a suposição teórica mais importante oferecida pelo estudo dos Opie.

QUEM SÃO Iona e Peter Opie

Iona (1923-) e **Peter Opie** (1918-1982), folcloristas ingleses, pesquisadores da Universidade de Oxford, ficaram conhecidos pela importante compilação de brincadeiras tradicionais em seu livro *Children's games in street and playground* (1969). Desde a morte do marido, Iona Opie vem dando continuidade ao trabalho dos dois.

■ Grupo 2

Neste grupo se incluem os estudos de caráter pedagógico sobre as brincadeiras tradicionais. Neles, a criança é o sujeito da educação, e o jogo é um recurso educacional, um instrumento. Paulatinamente, foi sendo desenvolvida a idéia de que o jogo possui uma função educacional, no sentido pedagógico, cujo papel é desenvolver habilidades físicas, cognitivas, lingüísticas etc.

As teorias psicogenéticas do jogo apóiam a idéia de instrumentalizá-lo com fins pedagógicos, como resultado de sua função quanto aos processos psicológicos do desenvolvimento infantil.

As duas filosofias implícitas da infância e do jogo seguem a mesma linha conceitual e metodológica: consideram que as ordens histórica e social são elementos constitutivos da infância e do jogo.

O trabalho aqui realizado integra, na realidade, ambos os grupos de estudos. Primeiramente, a obra dos Opie foi uma referência muito importante na conceituação e classificação das brincadeiras infantis tradicionais. Ao propor o resgate das brincadeiras tradicionais, os autores conferem a elas a classificação de folclore infantil, que regula a vida social das crianças.

Paralelamente, ao atribuir caráter educacional às brincadeiras tradicionais como alternativa metodológica (ver *O brincar no cotidiano da criança*), o estudo afina-se com autores da linha **psicogenética**, que imprimem ao jogo finalidades também pedagógicas.

Glossário

Psicogenético
Relativo à psicogenética, estudo da aquisição, pela criança, das formas de pensamento.

As brincadeiras tradicionais são expressivamente transmitidas de uma geração a outra, fora das instituições oficiais, na rua, nos parques, nas praças etc. Assimiladas pelas crianças de maneira espontânea, mudam de forma com o passar do tempo – variam suas regras, culturas e grupos sociais, mas seu conteúdo permanece o mesmo. E que conteúdo é esse? Os interesses lúdicos particulares – objetivos básicos da brincadeira –, ligados a esse ou àquele objeto: bonecas, animais, construções, máquinas, entre outros. A forma diz respeito à organização, ao material utilizado, ao espaço, ao número de jogadores. Imitadas ou reinterpretadas, essas brincadeiras perpetuam sua tradição.

Além de pertencer ao patrimônio lúdico-cultural infantil, a brincadeira tradicional traduz valores, costumes, formas de pensamento e ensinamentos e faz parte da história de vida de cada indivíduo, cada grupo, cada geração. Por isso seu valor inestimável.

A transformação do brincar e suas implicações

MUSEU ANTÔNIO PARREIRAS

Menino com arapuca, *de Antônio Parreiras.*

Por ocasião do registro e resgate das brincadeiras tradicionais coletadas em diferentes países, constatou-se que elas mudaram muito no decorrer do século XX. Foram vários os caminhos percorridos para reunir esses dados: depoimentos de adultos, crianças e professores; pesquisas de campo; pesquisas iconográficas; pesquisas de documentos bibliográficos acadêmicos, folclóricos, jornalísticos e ficcionais; entre outros.

Nessa linha de estudos, realizei minuciosa pesquisa bibliográfica em instituições culturais e educacionais, em museus e onde houvesse registro do brincar espontâneo das crianças nas diferentes épocas. Foram reunidas cerca de trezentas brincadeiras tradicionais na cidade de São Paulo, entre 1900 e 1990.

Ampliada para vários estados do Brasil, essa pesquisa já tem hoje mais de mil brincadeiras tradicionais brasileiras registradas. Evidentemente, não é a quantidade o caráter mais interessante do acervo, mas sua riqueza, importância e curiosidade.

Eis as razões mais significativas das mudanças por que passaram essas brincadeiras no decorrer do século XX:

- Redução do espaço físico, conseqüência do crescimento das cidades e da falta de segurança.
- Diminuição do espaço temporal, tanto na escola, que optou por atividades consideradas mais interessantes e produtivas, como em casa e na família, em razão da orientação da mulher para o trabalho externo, aliada ao fato de que a televisão passou a gozar de maior privilégio no cotidiano infantil. Como resultado, houve significativa diminuição do estímulo das crianças pelas brincadeiras – fato observável em alguns contextos socioculturais, nos quais a atividade lúdica vem se transformando.
- Expansão da indústria, que passou a oferecer brinquedos mais atraentes, invadiu o mundo infantil e modificou suas interações sociais. O objeto ganhou maior relevância e sua vida útil foi drasticamente reduzida em favor do consumismo.
- Influência da propaganda e da mídia televisiva na geração das necessidades de consumo.

JAVIER JAIME/CID

Meninos brincando com jogos de construção.

A institucionalização da educação contribuiu para alterar de forma expressiva as condições do brincar, que passou do ambiente natural para o oficial. Para a maioria das crianças, o espaço das brincadeiras se transformou em "espaço de trabalho". A chamada "brincadeira livre" deixou de ser considerada uma atividade produtiva. Hoje, apesar de sua importância na vida social e no desenvolvimento infantil, a brincadeira já não tem espaço na escola, cuja maior preocupação é "preparar" a criança para o processo de alfabetização e desenvolver suas habilidades cognitivas.

Fora do ambiente escolar, em situações espontâneas, na família, a tendência não é diferente. Graças às condições de modernidade mencionadas, mudaram as formas de brincar, bem como os próprios tipos de brincadeiras e jogos.

Antigamente, as atividades lúdicas eram partilhadas por adultos e crianças, para quem representavam uma importante dimensão da vida. Além das brincadeiras genuinamente suas, as crianças também participavam das várias festividades e jogos de adultos. Tratava-se de uma cultura do riso, do carnaval, do folclore. A atividade lúdica era um fenômeno social de que todos desfrutavam. Só mais tarde o brincar perdeu seus vínculos universais e transformou-se, entrando na vida dos indivíduos.

Com a modernização e o processo de produção industrial, não somente as crianças foram institucionalizadas, e portanto separadas em agrupamentos sociais que mudaram significativamente as relações, mas também a atividade lúdica foi transformada em trabalho infantil. As modernas formas de produção e de vida criaram a necessidade de homens instrumentalizados: ativos, eficientes e com iniciativa. A formação dos novos indivíduos foi sendo modelada por suas habilidades produtivas e racionais. Assim, educadores e pais voltaram-se para essa tarefa, deslocando a esfera emocional para um segundo plano. Ainda com esse intuito, a atividade lúdica tornou-se "útil" para a educação, e seu valor passou a seguir os mesmos princípios normativos de formação.

Não podemos negar essa realidade nem as transformações que o brincar sofreu; devemos, sim, tentar "trabalhar" com elas. Acredito que o caminho para isso está no resgate do brincar nos diferentes contextos socioculturais, pensando em saídas integradas na escola, na família e na comunidade.

AÇÃO PEDAGÓGICA

1 Promova na escola ou em sua comunidade encontros de avós, pais e filhos para que contem e ensinem uns aos outros brincadeiras tradicionais e contemporâneas. Isso enriquecerá a comunicação e o "diálogo lúdico" entre as três gerações.

2 Estimule os participantes a valorizar os materiais disponíveis na escola, no bairro ou na comunidade e com eles construir e expor alguns brinquedos.

3 Organize uma maratona para o resgate de brincadeiras tradicionais, como corrida de saco, passar anel, pular amarelinha, pular corda, jogar peteca, jogar bola, cabra-cega etc.

Imagens poéticas

O estranho mundo que se mostra às crianças

(...) como seria bom se voltassem os carrinhos de rolimã, os diabolôs, as pernas de pau (...); os telefones de lata, a amarelinha, o caracol (...) A barra-manteiga, o boca-de-forno, o chicote-queimado, a cabra-cega, os jogos de estátua, as guerras de pião, o pular sela, o passar anel, a queimada, corda, bola, peteca (...) Folguedos nossos, de toda uma cultura, cobertos de encantos e de prazer (...) E propostas simples, coletivas, de fácil confecção e que – de verdade – facilitam o reconhecimento e a conquista do espaço – de maneira ampla, global, divertida e gostosa. Sem se perder de vista que vivemos numa era tecnológica, e que esse tipo de brincadeira seria mais um referencial (e não o único, nostálgico).

ABRAMOVICH, Fanny. *O estranho mundo que se mostra às crianças.* São Paulo: Summus, 1983.

AÇÃO REFLEXIVA

A partir da leitura do texto acima, reflita sobre o significado de resgatar brincadeiras tradicionais para crianças nascidas nos contextos tecnológicos, consumistas e massificados dos dias de hoje. Qual o papel do educador nesse sentido?

A importância do resgate das brincadeiras tradicionais infantis

Qual a razão para que as nossas brincadeiras e as de nossos pais e avós sejam conhecidas, recuperadas, trazidas de volta para o convívio das crianças? Eis a razão: elas constituem um material muito importante para o conhecimento e a preservação da nossa cultura, do nosso folclore.

Da mesma forma que outras manifestações populares, as brincadeiras também passam por constantes transformações. Trata-se de obras de criação coletiva, que não estão registradas por escrito e são transmitidas de uma geração para outra de modo expressivo, verbalmente ou por gestos. Por isso, correm o risco de desaparecer.

LESTER LEFKOWITZ/CORBIS—LATIN STOCK

Crianças brincando de corrida de saco.

No entanto, resgatar brincadeiras tradicionais suscita alguns problemas. Na época de seu aparecimento, os jogos e as brincadeiras estão sempre muito atrelados à vida dos adultos e das crianças que lhes são contemporâneos, assim como às condições "ecológicas" de então: áreas abertas, praças e ruas sem trânsito. Ao registrar as brincadeiras tradicionais por escrito (em antologias, por exemplo) e divulgá-las em publicações e instituições, promove-se sua valorização sem correr o risco de selecionar apenas as mais bem-aceitas.

Obviamente não seria possível reviver determinadas brincadeiras, seja por falta de espaço físico, seja por sua própria natureza, contraditória a concepções contemporâneas de algumas culturas. É o caso das brincadeiras agressivas ou que segregam os sexos, como caçar com estilingue, soltar balões etc.

As brincadeiras tradicionais infantis têm qualidades bastante satisfatórias às necessidades de desenvolvimento das crianças de hoje. Oferecem ricas possibilidades de estímulo para as várias atividades físicas, motoras, sensoriais, sociais, afetivas, intelectuais, lingüísticas etc., seja no tratamento de deficiências motoras (jogos com atividade motora), seja para compensar a excessiva intelectualização da maior parte das atividades típicas da escola (jogos que envolvem o corpo e os sentidos); ou, ainda, para ajudar a superar o isolamento das nossas crianças de hoje (jogos em grupo).

Se bem compreendida a natureza das brincadeiras tradicionais, é possível revivê-las, transformando-as e adaptando-as às condições contemporâneas – espaço, materiais, veículos de comunicação etc. –, desde que seja preservado seu significado básico, suas potencialidades.

No entanto, várias dessas brincadeiras, apesar de terem diminuído, persistem até os dias de hoje, razão pela qual não precisam

ADRIANA FRIEDMANN

Crianças pulando corda. São Paulo, 1987.

ser ressuscitadas. É o caso das bolinhas de gude, da amarelinha, do esconde-esconde, do pula-corda, da queimada, entre outras.

As brincadeiras tradicionais na educação

Paralela à tentativa de reviver brincadeiras está a tarefa de destacar sua função educacional: são atividades decisivas para o crescimento e o desenvolvimento das crianças. Dotadas de objetivos, métodos e significados educacionais e apresentadas sob a forma de antologias, as brincadeiras são um instrumento prático no trabalho direto dos educadores com as crianças.

Por ser uma atividade essencial às crianças, além de importante recurso para o alcance dos objetivos educacionais, é interessante que o brincar constitua um dos enfoques básicos para o desenvolvimento dos programas de educação infantil e do ensino fundamental. Pensando em outras formas de enfocar a utilização da atividade lúdica, o professor poderia utilizar as brincadeiras tradicionais, que geralmente surgem em situações espontâneas nos grupos de crianças, uma vez que:

- são prazerosas às crianças;
- fazem parte da cultura lúdica infantil;
- servem como recurso metodológico para o diagnóstico de necessidades, interesses e habilidades dos alunos, bem como para o desenvolvimento da inteligência e de aprendizagens específicas.

Como resgatar essas brincadeiras? Valorizando o material disponível na comunidade, no bairro, na escola; promovendo encontros de avós, pais e filhos. Que os participantes sejam estimulados a contar e a ensinar brincadeiras, a construir e expor brinquedos de sua infância. Trata-se de atividades que enriquecem a comunicação e o "diálogo lúdico" entre as diversas gerações.

Essas e outras sugestões podem ser usadas por professores, educadores e pais, cuja responsabilidade é "salvar" as brincadeiras tradicionais – e também as contemporâneas –, sempre com o intuito de evitar que caiam no esquecimento e corram o risco de desaparecer. Isso representará um grande avanço no caminho do conhecimento do brincar e do desenvolvimento infantil.

Imagens poéticas

Tempo de lembrar

A criança recebe do passado não só os dados da história escrita; mergulha suas raízes na história vivida, ou melhor, sobrevivida, das pessoas de idade que tomaram parte na sua socialização. Sem estas haveria apenas uma competência abstrata para lidar com os dados do passado, mas não a memória. (...)

É a essência da cultura que atinge a criança através da fidelidade da memória. Ao lado da história escrita, das datas, da descrição de períodos, há correntes do passado que só desapareceram na aparência. E que podem reviver numa rua, numa sala, em certas pessoas, como ilhas efêmeras de um estilo, de uma maneira de pensar, sentir, falar, que são resquícios de outras épocas (...).

A idade adulta é norteada pela ação presente: e quando se volta para o passado é para buscar nele o que se relaciona com suas preocupações atuais. Lembranças da infância para merecer atenção do adulto são constrangidas a entrar no quadro atual. Os velhos, postos à margem da ação, rememoram fatigados da atividade. O que foi sua vida senão constante preparo e treino de quem irá substituí-los? Os jovens, formados e alimentados pelo cuidado de seus doadores, logo se fortalecem e se tornam aptos para desempenhar tarefa igual ou superior à de seus mestres. (...)

Hoje fala-se em criatividade... mas onde estão as brincadeiras, os jogos, os cantos e danças de outrora? Nas lembranças de velhos aparecem e nos surpreendem pela sua riqueza. (...)

BOSI, Eclea. Tempo de lembrar. In: *Memória e sociedade: lembranças de velhos.* 2. ed. São Paulo: T. A. Queiroz/Edusp, 1987.

Penso que, mais importante que coisas novas a serem aprendidas, é necessário que a reflexão do que já temos seja feita com atenção, carinho, visto que a rotina, o tempo sempre andando depressa demais, nos leva a uma "cegueira" das próprias potencialidades e dos "tesouros" que temos em mãos todos os dias quando criamos, adaptamos e até copiamos (por que não?) respostas para fatos que as crianças nos apresentam.

Refletir sobre jogos e brincadeiras que fizemos na infância, a tranqüilidade e a alegria que esse tempo nos trazia, deveria nos fazer desejar o mesmo para nossas crianças. Seria e será, se resgatarmos esses jogos, uma prova de amor: querer passar para os representantes do futuro a nossa herança de prazer, alegria, treino para a vida e liberdade de pensamento e criação para que eles tenham o poder de transformar o mundo tornando-o observador; crítico e com autoconfiança suficiente; para que brinquem com a vida com a seriedade de quem caminha com objetivos e luta para conquistá-los.

Brincar, jogar, dramatizar, participar e viver; acho que essa é a essência da infância que não devemos nunca deixar de estimular dando espaço, tempo e atenção para as crianças.

Cristina R. Lotti, educadora.

Os jogos e os homens

Certos jogos e brinquedos eram ricos de um simbolismo que hoje se perdeu: o mastro de cocanha ou pau-de-sebo está ligado aos mitos da conquista do céu; o futebol, à disputa do globo solar entre duas pátrias antagonistas. Certos jogos de cordas serviam para augurar a preeminência das estações e dos grupos sociais que a elas correspondiam. O papagaio (pandorga, pipa) representava no Extremo Oriente a alma exterior do seu proprietário, o qual, permanecendo embora no solo, estava ligado magicamente (e efetivamente, pelo fio) à frágil armação de papel de seda entregue aos remoinhos das correntes aéreas. Na Coréia, a pipa funcionava como bode expiatório, para libertar dos males uma comunidade pecadora (...). A amarelinha representava provavelmente o labirinto onde o iniciado se perdia no primeiro instante.

CAILLOIS, R. *Os jogos e os homens.*
Lisboa: Cotovia, 1990. (Col. Ensaios)

Esses jogos e brinquedos não deixam de ter, ainda hoje, uma razão de ser; deixaram de ser sagrados mas ainda desempenham papel psicológico e social dos mais importantes como símbolos agonísticos e pedagógicos.

CHEVALIER, J.; GHEERBRANT, A. *Dicionário de símbolos.* 6. ed. Rio de Janeiro: José Olympio, 1992.

CAPÍTULO 5

A atividade lúdica no século XXI: dos estudos às práticas

Brincar é viver! (Raquel Altman)

Estudos e publicações sobre o brincar nos últimos 25 anos

Se fizermos uma análise evolutiva dos estudos desenvolvidos sobre a atividade lúdica ao longo da história, será muito curioso observar quantas áreas se interessaram por esse fascinante universo, na pesquisa de jogos, brinquedos e brincadeiras e do ato de brincar.

Ainda é singular o número de artistas plásticos e escritores que dedicaram parte de suas obras ao brincar infantil, assim como biógrafos que não se esqueceram do brincar como vivência que ocupou significativos espaços.

Mas o brincar também ganhou importância na legislação e nas políticas públicas, especificamente nas práticas escolares – ver Parâmetros Curriculares Nacionais (PCNs) – e na obrigatoriedade legal de se estabelecerem espaços de brincar em hospitais pediátricos, pelo menos no estado de São Paulo.

Podem-se citar os âmbitos pelos quais o brincar tem permeado a vida do homem nas últimas décadas, sendo objeto de estudo, pesquisas e práticas, tais como: análises estruturais do brincar, socialização suscitada pelo brincar, afetividade no brincar, o simbolismo do brincar, o movimento e o brincar, espaços lúdicos e terapêutica do brincar.

No que concerne particularmente às publicações – livros e artigos – sobre o tema, consulte as referências bibliográficas atualizadas (sobretudo a partir de 1980) no final deste livro. Nelas é interessante notar as considerações a seguir.

- A maioria das publicações – tanto nacionais quanto estrangeiras – versa sobre teorias do brincar. Grande parte relaciona as brincadeiras com a educação infantil e a escola; outras as identificam com a psicologia e/ou com terapias.
- Há muitas coletâneas de jogos e brincadeiras, estudos sobre o significativo crescimento da produção de brinquedos artesanais, populares e de sucata, pesquisas de natureza histórica, antropológica e cultural a respeito do brincar e vasto material que aborda o processo de ensino-aprendizagem, o papel do professor e os espaços lúdicos.
- Discorre-se com freqüência sobre temas emergentes, como a relação do brincar com crianças portadoras de necessidades especiais, com a imaginação, a fantasia, o ócio, o lazer e a linguagem.
- Os temas menos explorados com relação ao brincar são recreio, observação do brincar, corpo, poesia, pais, natureza, jogos cooperativos, literatura, arte, música, teatro, esportes, simbolismo, educação não-formal, comunicação, cidades, ciências, televisão, hospitais, sexualidade, matemática, disciplina/agressividade e grupos.

Quanto ao caminho que esses trabalhos acadêmicos relacionados ao lúdico vêm tomando, é notável salientar que:

- as áreas de maior interesse sobre o brincar versam sobre educação infantil, jogos de regras e escola;
- brinquedos, teatro/psicodrama e faz-de-conta, educação física, papel do professor, ciência, cultura, criança e psicologia/terapias são temas com uma produção regular;
- simbolismo, registros, imaginação, violência, linguagens, sexualidade, gênero, recreio, pais, brincadeiras tradicionais, mo-

ralidade, corpo, arte, grupos, televisão, empresas, lazer, educação não-formal, raça, jogos eletrônicos, comunicação são temas ainda pouco explorados e estudados.

Nesse contexto, percebe-se que a produção e a reflexão sobre o brincar estão voltadas sobretudo à educação, à psicologia, à cultura e aos espaços lúdicos, embora a abrangência do tema seja muito mais extensa. A pesquisa e a produção, no entanto, são ainda bastante tímidas.

A propósito desse quadro, sugiro cinco vertentes de estudo, pesquisa e debate para este início de século XXI:

1 Valorização das brincadeiras tradicionais e suas dimensões para a vida de crianças e jovens, em contraposição ao universo ludotecnológico hoje mais disponível.

2 Atitude lúdica em contraposição a tempo lúdico.

3 Diferentes linguagens expressivas do ser humano em relação ao lúdico – artes plásticas, música, literatura, histórias orais, teatro, expressão corporal.

4 Análise das atividades lúdicas como linguagens simbólicas.

5 Reflexão sobre o lúdico e a natureza do humano e sobre o lúdico como construção cultural e aprendizagem.

Imagens poéticas

Emoção, igualdade, imaginação, devaneio, liberdade, imitação, ímpeto, pureza, liderança, timidez, improviso, impulso, competência, intrepidez, hostilidade, autenticidade, incapacidade, incentivo, inclusão, exclusão, dúvida, certeza, incredulidade, euforia, indiferença, inibição, capacidade, criatividade, alegria, malícia, satisfação, crueldade, sinceridade, altruísmo, medo, blefe, cooperação, inteligência, esperteza, imprevisto, desmancha-prazeres, concentração, irreverência, divertimento, manha, astúcia, bom humor, monopólio, contentamento, frustração, insistência, teimosia, lealdade, candura, franqueza, orgulho, prazer, competição, fascinação, maldade, decepção, vitória, insegurança, ingenuidade, modéstia, moderação, monotonia, justiça... fazem parte da vida.

No Brincar as mesmas palavras têm o mesmo sentido. Brincar é viver!

E não tem idade. Brinca o menino com sua bola, põe o jovem apelido no amigo, sobe o rapaz no ônibus andando, conta a menina uma história para a boneca, angustia-se o jovem que perdeu o jogo, enfeita a mãe o salão de festas para o aniversário do filho, compra o avô o mais bonito carrinho para o neto, chora o menino porque lhe tiraram a bola, todos se sentam ao redor do jogo, atiram pedras no lago, apostam em quem faz o xixi mais comprido, sentam ao redor do professor que cativa com suas histórias: é um sem fim de experiências novas e repetidas que liberam sensações diversas, provocam a participação e o envolvimento e transformam momentos inesperados em alegria de vida.

Raquel Altman, pesquisadora e criadora
de brinquedos e jogos.

Perspectivas das práticas lúdicas

No decorrer dos últimos quinze anos, é importante destacar o incremento de ações pró-lúdicas em contextos formais e não-formais de educação, cultura, psicologia e arte, entre outros. Em razão disso, a nosso ver, caberia uma reflexão a respeito dessas práticas no interior das escolas, das ONGs, dos centros culturais, espaços públicos, hospitais. Seria também importante evitar a diversidade de profissionais que atuam em diferentes áreas ligadas ao brincar – professores, arquitetos, psicólogos, terapeutas ocupacionais, ludoterapeutas, médicos, profissionais de educação física, fisioterapia etc. –, desenvolvendo projetos, cursos, assessorias e eventos.

Eis outras áreas de atuação e estudo originárias do universo lúdico:

- qualificação de profissionais;
- recursos lúdicos como instrumentos de estudo e reflexão sobre o brincar;
- brinquedos e brincadeiras livres e dirigidas;
- brincadeiras solitárias e em grupo;
- brincadeiras próprias das diferentes faixas etárias;
- jogos cooperativos;

- riqueza dos brinquedos artesanais e industrializados, seus processos de produção e segurança dos materiais utilizados na fabricação;
- adaptação dos sistemas de classificação dos brinquedos;
- expressão do potencial criativo na construção de brinquedos e na prática das brincadeiras;
- riqueza do acervo e das características regionais, de estrutura, finalidade, conteúdo temático e época das brincadeiras;
- coletâneas de brincadeiras;
- sistemas de classificação de brincadeiras;
- diversos tipos de espaços lúdicos, como brinquedotecas, ruas de lazer, espaços em escolas, centros culturais, clubes, centros comunitários, museus, hospitais etc.

À guisa de conclusão, gostaria de enfatizar a necessidade de nos voltarmos para a real distância e as conseqüentes distorções entre as reflexões teóricas e os resultados das pesquisas sobre o brincar, em contraposição às reais aplicações práticas de atividades lúdicas junto às crianças, aos jovens e aos adultos. Como esses estudos têm sido lidos e interpretados pelos responsáveis por realizar as brincadeiras e os jogos? Sua prática estaria iluminada pela consciência e por conhecimentos consistentes? Ou as teorias continuariam engessadas em si mesmas, fora da realidade desses profissionais?

Só quem brinca de fato – crianças, pais, educadores e estudiosos – pode encontrar as melhores respostas para indagações como essas.

AÇÃO REFLEXIVA

Dentre os temas menos explorados pelos estudiosos do brincar, acima elencados, escolha um que seja mais significativo para você e proponha um estudo ou pesquisa mais aprofundados para seu grupo de estudo ou de trabalho.

AÇÃO DOCENTE

Discuta com seus colegas de equipe e, juntos, procurem responder às perguntas do penúltimo parágrafo.

AÇÃO PEDAGÓGICA

Recrie com seus alunos brincadeiras tradicionais em brincadeiras cooperativas. O próprio processo já é uma maravilhosa brincadeira solidária.

Referências bibliográficas

A presente relação de livros, artigos, teses e pesquisas é resultado de levantamento realizado junto a vários especialistas nacionais e estrangeiros e compreende material atualizado sobre a temática do brincar até o ano de 2006.

Bibliografia específica sobre brincadeiras tradicionais pode ser consultada em *O brincar no cotidiano da criança*, desta mesma coleção.

■ Livros e artigos

ABBADIE, M. et al. *Educación preescolar: teoría y práctica*. Madrid: Cincel-Kapelusz, 1988. (Temas de Educación Preescolar, 1)

ABERASTURY, A. *A criança e seus jogos*. Porto Alegre: Artmed, 1992.

ABRAMOVICH, F. *Quem educa quem?* São Paulo: Summus, 1985.

———. *O estranho mundo que se mostra às crianças*. São Paulo: Summus, 1983.

———. Brincar: um verbo que a cidade escondeu da criança. *Jornal da Tarde*, São Paulo, 7 out. 1978.

ABRAMOWICZ, A.; WAJSKOP, G. *Educação infantil: creches*. São Paulo: Moderna, 1995.

ABRÃO, J. L. F. *A história da psicanálise de crianças no Brasil*. São Paulo: Escuta, 2001.

AFFONSO, R. M. L. *Ludodiagnóstico*. São Paulo: Plêiade, 1995.

AGUIAR, J. S. *Jogos para o ensino de conceitos: leitura e escrita na pré-escola*. Campinas: Papirus, 1998.

AJURIAGUERRA, J.; MARCELLI, D. Psicopatologia do jogo. In: MARCELLI, D. *Manual de psicopatologia infantil de Ajuriaguerra*. 5. ed. Porto Alegre: Artmed; São Paulo: Masson, 1998. p. 169-176.

ALENCAR, E. S. *A gerência da criatividade: abrindo janelas para a criatividade pessoal e nas organizações*. São Paulo: Markron Books, 1996.

———. *Como desenvolver o potencial criativo: um guia para a liberação da criatividade em sala de aula*. Petrópolis: Vozes, 1990.

ALLUÉ, J. *O grande livro dos jogos*. Belo Horizonte: Leitura, 1998.

ALMEIDA, A. de. Notas do folclore infantil sul paulista. *Revista do Arquivo Municipal*, v. 12, n. 108, p. 113-119, maio/jun. 1946.

ALMEIDA, E. *Arte lúdica*. São Paulo: Edusp, 1997.

ALMEIDA, P. N. de. *Educação lúdica*. São Paulo: Loyola, 1998.

———. *Educação lúdica: técnicas e jogos pedagógicos*. São Paulo: Loyola, 1994.

———. *Dinâmica lógica*. São Paulo: Loyola, 1978.

ALTMAN, R. Brincando na história. In: *História das crianças do Brasil*. São Paulo: Contexto, 1999.

———. *Guia para seleção de brinquedos*. São Paulo: Labrimp, 1998. (Apostila)

———. *Brincar, conviver*. São Paulo: Abrinq, 1993. (Apostila)

———. *Guia dos brinquedos e do brincar*. São Paulo: Abrinq, 1991.

ALVES, E. M. S. A. *A ludicidade e o ensino de matemática: uma prática possível*. Campinas: Papirus, 2001.

AMADO, J. S.; HASSE, M. *Jogos e brinquedos tradicionais*. Lisboa: Fundação Calouste Gulbenkian/Instituto de Apoio à Criança, 1992.

AMMANN, R. *A terapia do jogo de areia*. São Paulo: Paulus, 2002.

ANDRADE, M. R. J. C. Vamos dar a meia volta, volta e meia vamos dar. In: OLIVEIRA, Z. de M. R. de (Org.). *Educação infantil: muitos olhares*. São Paulo: Cortez, 1994.

ANDRADE, S. G. *Teoria e prática de dinâmica de grupo: jogos e exercícios*. São Paulo: Casa do Psicólogo, 1999.

ANDREA, I.; ALVES, L. *Brinquedos: criatividade, pedagogia e ambiente*. Lisboa: Ed. dos Autores, 2001.

ANDREOLI, S. et al. *Danimarca per i bambini: dopo le favole i servizi*. Roma: Istituto Regionale per L'Apprendimento, 1990. (Sezione Infanzia)

ANJOS, C.; MOREIRA, J. A.; SOLANO, J. *O brinquedo em Portugal*. Porto: Civilização, 1997.

ANTUNES, C. *Jogos para a estimulação das inteligências múltiplas*. Petrópolis: Vozes, 1999.

———. *Manual de técnicas de dinâmica de grupo: sensibilização e ludopedagogia*. Petrópolis: Vozes, [s. d.].

ARANTES, C. F. *Reflexões sobre o jogo a partir de obras de Jean Piaget*. São Paulo: [s. n.], 1997.

ARAÚJO, A. M. de. Documentário folclórico paulista. *Revista do Arquivo Municipal*, São Paulo, v. 20, n. 157, p. 7-145, jul./dez. 1953.

———. Lúdica infantil. *Boletim Trimestral da Comissão Catarinense de Folclore*, Florianópolis, v. 2, n. 8, p. 6-14, dez. 1950.

ARAÚJO, V. C. *O jogo no contexto da educação psicomotora.* São Paulo: Cortez, 1992.

AREÃO, J. dos S. O pião. *Boletim Trimestral da Comissão Catarinense de Folclore*, v. 1, n. 3, p. 25-26, mar. 1950.

ARIES, P. *História social da criança e da família.* Rio de Janeiro: Guanabara, 1981.

———; MARGOLIN, J. C. *Les jeux à la renaissance.* Paris: J. Vrin, 1982.

ARNOLD, P. (Ed.). *The complete book of indoor: games.* 3. ed. Czechoslovakia: Hamlyn, 1983.

ARON, A. M.; MILICIC, N. *Viver com os outros: programa de desenvolvimento de habilidades sociais.* Campinas: Psy, 1994.

ASSIS, O. Z. M. *Uma nova metodologia da educação pré-escolar.* São Paulo: Pioneira, 1979.

ATZINGEN, M. C. V. *História do brinquedo: para as crianças conhecerem e os adultos lembrarem.* São Paulo: Alegre, 2001.

AUFRAUVRE, M. R. *Aprender a brincar, aprender a viver: jogos e brinquedos para a criança deficiente; opção pedagógica e terapêutica.* São Paulo: Manole, 1987.

AVILA, A. *O lúdico e as projeções do mundo barroco.* São Paulo: Perspectiva, 1971.

AXLINE, V. M. *Ludoterapia: a dinâmica interior da criança.* Belo Horizonte: Interlivros, 1980.

AYEK, C. (Coord.). *Petite enfance, éveil aux savoirs.* Paris: Groupe Permanent à la Formation Profissionnelle, 1992. 321 p.

BACHELARD, G. *A poética do espaço.* São Paulo: Martins Fontes, 1989.

———. *A poética do devaneio.* São Paulo: Martins Fontes, 1988.

BAKER, K. R. *Let's play outdoors.* Washington: NAEYC, 1966. 35 p.

BANDET, J.; SARAZANAS, R. *A criança e os brinquedos.* Lisboa: Estampa, 1973. (Col. Técnicas de Educação, 3)

BARANGANDÃO arco-íris: 36 brinquedos inventados por meninos. Belo Horizonte: Adelsin, 1997.

BARBOSA, L. *Trabalho e dinâmica dos pequenos grupos.* 2. ed. Porto: Afrontamento, 1998.

BARDEN, M. Olhar para o passado: da Reggio Emilia para a educação progressiva. In: EDWARDS, C.; GANDINI, L.; FORMAN, G. (Org.) *Cem linguagens da criança: a abordagem da Reggio Emilia na educação da primeira infância.* Porto Alegre: Artmed, 1995. p. 283-294.

BARROS, M. L. C. *Como fazer brinquedos.* Rio de Janeiro: Tecnoprint, 1979.

BASSEDAS, E. (Org.). *Aprender e ensinar na educação infantil.* Porto Alegre: Artmed, 1999.

BEAUCHAMP, A. et al. *Como animar um grupo.* São Paulo: Loyola, 1980.

BELTRAMI, D. M. *A educação física escolar contemporânea: um estudo sobre o jogo como estratégia pedagógica.* São Paulo: [s. n.], 1998.

BENJAMIM, W. *Reflexões: a criança, o brinquedo e a educação (novas buscas em educação)*. São Paulo: Summus, 1984.

BENNER, A. *Theory of nonprofit organizations*. New Haven: Yale University, 1982. 49 p. (PONPO Working Paper, 51)

BERGEN, D. *Play as a medium for learning and development*. Portsmouth: Heinemann Educational Books, 1988.

BERKENBROCK, V. I. *Jogos e diversões em grupo: para encontros, festas de família, reuniões, salas de aula e outras ocasiões*. Petrópolis: Vozes, 2002.

BERNE, E. *Os jogos da vida: a psicologia transacional e o relacionamento entre as pessoas*. Rio de Janeiro: Artenova, 1974.

———. *Juegos en que participamos: psicología de las relaciones humanas*. México: Diana, 1966.

BERNSTEIN, J. *El niño de 15 y 16 anos*. Buenos Aires: Paidós, 1971.

———. *El niño de 5 y 6 anos*. Buenos Aires: Paidós, 1967.

———. *El niño de 7 y 8 anos*. Buenos Aires: Paidós, 1967.

———. *El niño de 9 y 10 anos*. Buenos Aires: Paidós, 1967.

———. *El niño de 11 y 12 anos*. Buenos Aires: Paidós, 1967.

———. *El niño de 13 y 14 anos*. Buenos Aires: Paidós, 1967.

BETTELHEIM, B. *Uma vida para seu filho: pais bons o bastante*. Rio de Janeiro: Campus, 1988.

———. Play and Education. *School Review*, v. 81, n. 1, p. 1-13, 1972.

BIBER, B. *Early education and psychological development*. Michigan: Yale University Press, 1984. 333 p.

BIEDERMANN, G. (Dir.). *Tratado de psicoterapia infantil*. Barcelona: Espaxs, 1973. v. 1.

BLANCHARD, K. *The many faces of play*. Champaign: Human Kinetics, 1986.

BLANCHET, J. et al. *Garderie, c'est pour nous-autres et pour nos parents; signé: les enfants*. Quebec: SCP, 1983. 45 p.

BLATCHFORD, P. *Playtime in the primary school: problems and improvements*. London: Routledge, 1993. 144 p.

BLAU, R. et al. *Activities for school-age child care: playing and learning*. Washington: NAEYC, 1991. 92 p.

BOMTEMPO, E. A brincadeira de faz-de-conta: o lugar do simbolismo, da representação, do imaginário. In: KISHIMOTO, T. M. (Org.). *Jogo, brinquedo, brincadeira e educação*. São Paulo: Cortez, 1997.

———. (Coord.). *Psicologia do brinquedo: aspectos teóricos e metodológicos*. São Paulo: Edusp/Nova Stella, 1986. (Col. Logos)

BONDIOLI, A.; MANTOVANI, S. *Manual de educação infantil: de 0 a 3 anos – uma abordagem reflexiva*. Porto Alegre: Artmed, 1998.

BORGES RIBEIRO, M. L. O folclore na escola. *Cadernos de Folclore*. Rio de Janeiro: Funarte, 1976.

BOSCH, L. P. de et al. *Jardín de infantes mejor: siete propuestas*. Buenos Aires: Paidós, 1992. 182 p. (Paidós Educador, 100)

BOSI, Eclea. *Memória e sociedade: lembranças de velhos*. 2. ed. São Paulo: T. A. Queiroz/Edusp, 1987.

BRADBARD, M. R.; ENDSLLEY, R. C. How can teachers develop young children's curiosity? What current research says to teachers. In: BROWN, J. F. (Org.). *Curriculum planning for young children*. Washington: NAEYC, 1985. p. 118-130.

BRANDÃO, C. R. *O que é folclore?* 7. ed. São Paulo: Brasiliense, 1986.

BRANDÃO, H.; FROESELER, M. G. *O livro dos jogos e das brincadeiras para todas as idades*. Belo Horizonte: Leitura, 1997.

BRANDÃO, H. M. B. *A escolarização da leitura literária: o jogo do livro infantil e juvenil*. Belo Horizonte: Autêntica, 1999.

BRANDES, D.; PHILLIPS, H. *Manual de jogos educativos: 140 jogos para professores e animadores de grupos*. Lisboa: Moraes, [s. d.].

BRASILEIRO, S. C. da F. L. (Org.). *Feira-atividade: brinquedos e brincadeiras populares*. Recife: Fundação Joaquim Nabuco, 1992.

BRAUNWIESER, M. *25 brinquedos cantados populares infantis*. São Paulo: Irmãos Vitale, 1953. 55 p.

BREAUTE, M.; RAYNA, S. *Jouer et connaître chez les tout-petits: des pratiques éducatives nouvelles pour la petite enfance*. Paris: INRP, 1995. 178 p.

BRENELLI, R. P. *O jogo como espaço para pensar: a construção de noções lógicas e aritméticas*. Campinas: Papirus, 1996.

BRINGUIER, J.-C. *Conversando com Jean Piaget*. Rio de Janeiro: Difel, 1977. 210 p.

BROICH, J. *Jogos para crianças: mais de cem brincadeiras com movimento, tensão e ação*. São Paulo: Loyola, 1996.

BROTTO, F. O. *Jogos cooperativos: o jogo e o esporte como um exercício de convivência*. Santos: Projeto Cooperação, 2001.

———. *Jogos cooperativos: se o importante é competir, o fundamental é cooperar*. Santos: Projeto Cooperação, 1998.

BROUGÈRE, G. *Brinquedos e companhia*. São Paulo: Cortez, 2004.

———. *Jogo e educação*. Porto Alegre: Artmed, 1998.

———. O que é brincadeira? *Revista Criança*, n. 31, nov. 1998.

———. *Brinquedo e cultura*. São Paulo: Cortez, 1994. (Col. Questões da Nossa Época, 43)

BROWN, G. *Jogos cooperativos: teoria e prática*. São Leopoldo: Sinodal, 1994.

BRUNER, J. *El habla del niño*. Barcelona: Paidós, 1983.

———. Nature and uses of immaturity. In: ———; JOLLY, A.; SYLVA, K. (Ed.). *Play: its role in development and evolution*. Harmondsworh: Penguin Books, 1976.

———; JOLLY, A.; SYLVA, K. (Ed.). *Play: its role in development and evolution*. Harmondsworh: Penguin Books, 1976.

BUHLER, C. *La recreación infantil*. Buenos Aires: Paidós, 1965.

CABRAL, A. *O jogo no ensino*. Lisboa: Ed. Notícias, 2001.

———. *Jogos populares portugueses de jovens e adultos*. 3. ed. Lisboa: Ed. Notícias, 1998.

———. *Jogos populares infantis*. Porto: Ed. Domingos Barreira, [s. d.].

CADERNOS da actividade lúdica. *Contextos lúdicos e crianças com necessidades especiais*, Lisboa, n. 2, jun. 1999.

———. *Cultura lúdica, tradição e modernidade*, Lisboa, n. 1, jan. 1998.

CAILLOIS, R. *Os jogos e os homens*. Lisboa: Cotovia, 1990. (Col. Ensaios)

———. *O homem e o sagrado*. Lisboa: Ed. 70, 1950. (Col. Perspectivas do Homem)

———. *O mito e o homem*. Lisboa: Ed. 70, 1937. (Col. Perspectivas do Homem)

CAMACHO, V. D. *Rondas, canciones, coros para los niños de mi patria*. Sucre: Talleres Gráficos, 1957.

CÂMARA CASCUDO, L. da. *Superstições e costumes: pesquisas e notas de etnologia brasileira*. Rio de Janeiro: Antunes, 1958.

———. *Literatura oral no Brasil*. 3. ed. São Paulo: Itatiaia, 1954.

———. Jogos e brinquedos do Brasil. *Correio da Noite*, Rio de Janeiro, 1947.

———. *Dicionário do folclore brasileiro*. 9. ed. São Paulo: Ediouro, [s. d.].

———. *Vaqueiros e cantadores*. Belo Horizonte: Itatiaia; São Paulo: Edusp, [s. d.].

CAMARGO, L. O. L. *Educação para o lazer*. São Paulo: Moderna, 1998.

CAMPOS, M. E. R. et al. *Jogos infantis: guia e coletânea*. São Paulo: Nacional, 1934. 88 p.

CAMPOS, M. M. et al. *Creches e pré-escolas no hemisfério norte*. São Paulo: Cortez, 1994.

CANADÁ. Office des Services de Garde à l'Enfance. Aménagement d'une garderie. Quebec: Publications du Quebec, 1985. 72 p.

CARCINERO, P. G. et al. O papel da interação adulto-criança no desenvolvimento: um enfoque longitudinal. In: TEBEROSKY, A.; Tolchinsky, L. (Dirs.). *Substractum: temas fundamentais em psicologia e educação*. Trad. Cláudia Schilling. Porto Alegre: Artmed, 1997. p. 9-39.

CARE, J.-M. *Jeu, langage et créativité: les jeux dans la classe de français*. Paris: Hachette/Larousse, 1978.

CARNEIRO, M. A. B. *Brinquedos e brincadeiras: formando ludoeducadores*. São Paulo: Articulação Universidade Escola, 2003.

———. O jogo e suas diferentes concepções. *Psicopedagogia,* São Paulo, v. 14, n. 33, 1995.

CARTA, M. *Histórias da Mooca.* Rio de Janeiro: Berlendis & Vertecchia, 1982.

CARVALHO, A. et al. (Org.). *Brincar(es).* Belo Horizonte: UFMG, 2005.

CARVALHO, A. M. et al. (Org.). *Brincadeira e cultura: viajando pelo Brasil que brinca.* São Paulo: Casa do Psicólogo, 2003. v. 1 e 2.

CARVALHO, A.; CARVALHO, D. *Como brincar à moda antiga.* Belo Horizonte: Lê, 1987. (Col. Pergunte ao José)

CARVALHO, M. I. C.; RUBIANO, M. B. Organização do espaço em instituições pré-escolares. In: OLIVEIRA, Z. de M. R. de (Org.). *Educação infantil: muitos olhares.* São Paulo: Cortez, 1994.

CASTRO, Z. M. de. *Jogos e rondas infantis.* Rio de Janeiro: Sesi, 1956.

CATUNDA, R. *Recriando a recreação.* Rio de Janeiro: Sprint, 2000.

CAVALLARI, V. R.; ZACHARIAS, V. *Trabalhando com recreação.* 3. ed. São Paulo: Ícone, 1998.

CÉLIA, R. Brincar, descobrir, aprender, criar. In: SUKIENNIK, P. B. (Org.). *O aluno problema: transtornos mentais de crianças e adolescentes.* Porto Alegre: Mercado Aberto, 1996.

CESARI, P. *Psicologia da criança.* São Paulo: Difusão Européia do Livro, 1955.

CHADWICK, M.; TARKY, I. *Juegos de razonamiento lógico.* Santiago (Chile): Ed. Andrés Bello, 1990.

CHANAN, G.; FRANCIS, H. *Juegos y juguetes de los niños del mundo.* Serbal/ Unesco, 1984.

CHATEAU, J. *O jogo e a criança.* São Paulo: Summus, 1987.

———. *Le jeu de l'enfant après trois ans, sa nature, sa discipline: introduction à la pédagogie.* Paris: J. Vrin, 1979.

———. *Réel et l'imaginaire dans le jeu de l'enfant: essai sur la genèse de l'imagination.* Paris: J. Vrin, 1955. 292 p.

CHAUVEL, D.; MICHEL, V. *À la maternelle: des jeux avec des règles.* Paris: Retz, 1984.

CHEVALIER, J.; GHEERBRANT, A. *Dicionário de símbolos.* 6. ed. Rio de Janeiro: J. Olympio, 1992.

CLAVER, B. *Escrever com prazer: oficina de produção de textos.* Belo Horizonte: Dimensão, 1999.

CLEMENTS, L. G. (Coord.). *Gioco è una cosa seria: convegno di studio sull'osservazione del gioco.* Provincia di Piacenza: Comune di Fiorenzuola D'Arda, 1985. 78 p.

COHEN, D. *The development of play: concepts in developmental psychology.* Australia: Psychology News, 1987.

———; MACKEITH, S. A. *El desarollo de la imaginación: los mundos privados de la infancia.* Barcelona: Paidós, 1993.

COLEÇÃO São Paulo. Acervo Iconográfico da Eletropaulo, 1907.

COLLOQUE International sur le jouet. Jouets et objets ludiques. Le champs de la recherche. Angoulême: Université Paris-Nord, Centre Universitaire de la Charente, 1997.

COME Giocavamo: giochi e giocattoli – 1750/1960. Milano: Alinari, 1984.

CONDEMARÍN, M.; MILICIC, N. *Cada dia um jogo*. Campinas: Psy, 1993.

CONSELHO Nacional de Proteção aos Índios. Brinquedos de nossos índios. Rio de Janeiro: Ministério da Agricultura/CNPI, [s. d.].

CONTE, R.; MICELI, M. Comportamenti agressivi osservati in asilo nido: alcune ipotesi sul loro sviluppo. In: MUSATTI, T.; MANTOVANI, S. (Org.). *Bambini al nido: gioco, comunicazione e rapporti affettivi*. Bergamo: Juvenilia, [s. d.].

CORNELL, J. Brincar e aprender com a natureza: guia de atividades para pais e monitores. São Paulo: Melhoramentos/Senac, 1996.

COSTA, A.; SILVA, R. P. (Coord.). *Ludicidade: o resgate da cidadania através do lúdico*. São Paulo: Nestlé/Unesco, 2001.

COSTA, D. *A infância e a recreação*. 4. ed. Rio de Janeiro: Imprensa Nacional, Departamento Nacional da Criança, M.E.S., 1942. 49 p.

COSTA, I. A.; BAGANHA, F. *O fantoche que ajuda a crescer*. Rio Tinto (Portugal): Asa, 1989. (Col. Práticas Pedagógicas)

COSTA, L. E. da. *De um livro de memórias*. [s. l.: s. n.], 1958.

CRAIDY, C. M.; KAERCHER, G. E. *Educação infantil: pra que te quero*. Porto Alegre: Artmed, 2001. 164 p.

CRUZ, D. R. M. da. *O lúdico na formação do educador*. Petrópolis: Vozes, 1997.

CRUZ, S. H.V.; PETRALANDA, M. (Org.). *Linguagem e educação da criança*. Fortaleza: UFC, 2004. 369 p.

CUBA. Ministerio de Educación. Enseñanza en el círculo infantil. Habana: Pueblo y Educación, 1976. 313 p.

CUNHA, N. H. S. *Brinquedoteca: um mergulho no brincar*. 3. ed. São Paulo: Vetor, 2001.

———. *Brincar, pensar e conhecer: brinquedos, jogos, atividades*. [s. l.: s. n.], 1999.

———. *Brinquedoteca: um mergulho no brincar*. São Paulo: Maltese, 1994. 117 p.

———. *Brinquedo, desafio e descoberta: subsídios para utilização e confecção de brinquedos*. Rio de Janeiro: FAE, 1994.

CURTISS, S. *A alegria do movimento na pré-escola*. Porto Alegre: Artmed, 1988.

DAMANTE, H. *Folclore brasileiro*. São Paulo: MEC/Funarte, 1980.

DANÇAS regionais e brinquedos cantados. Rio de Janeiro: Apef, 1957.

DARBYSHIRE, L. (Ed.) *The collector's encyclopedia of toy's and dolls*. London: Grange Books, 1990.

DAVID, J. *Juegos creativos para la vida moderna*. Argentina: Lumen Hvmanitas, 1997.

DAVIDSON, J. Wasted time: the ignored dilemma. In: BROWN, J. F. (Org.). *Curriculum planning for young children.* Washington: NAEYC, 1985. p. 196-204.

DAVIES, B. Accomplishment of genderedness in pre-school children. In: POLLARD, A. (Org.). *Children and their primary schools: a new perspective.* London: Falmer Press, 1987. p. 42-57.

DE EMPAR, L. et al. *El juego popular aplicado a la educación.* Madrid: Ed. Cincel, 1980.

DE MASI, D. *Criatividade e grupos criativos.* Rio de Janeiro: Sextante, 2003.

———. *O ócio criativo.* Rio de Janeiro: Sextante, 2000.

———. (Org.). *A emoção e a regra: os grupos criativos na Europa de 1850 a 1950.* Rio de Janeiro: J. Olympio, 1999.

DEACOVE, J. *Manual de jogos cooperativos: joguem uns com os outros e não um contra os outros.* Santos: Projeto Cooperação, 2002.

DEBORTOLI, J. A. As crianças e a brincadeira. In: CARVALHO, A.; GUIMARÃES, M.; SALLES, F. (Org.). *Desenvolvimento e aprendizagem.* Belo Horizonte: UFMG-PROEX, 2002.

DEL PRIORE, M. (Org.). *História da criança no Brasil.* São Paulo: Contexto, 1991.

DEVRIES, R. Brincar no programa da educação infantil: quatro interpretações. In: ———. et al. *Currículo construtivista na educação infantil: práticas e atividades.* Porto Alegre: Artmed, 2004. p. 27-49.

DIAS, M. C. M. Metáfora e pensamento: considerações sobre a importância do jogo na aquisição do conhecimento e implicações para a educação pré-escolar. In: KISHIMOTO, T. M. (Org.). *Jogo, brinquedo, brincadeira e educação.* São Paulo: Cortez, 1997. p. 45-56.

DI NICOLA, P. *Dovere, il piacere e tutto il resto: gli indicatori oggettivi della qualità della vita infantile.* Firenze: La Nova Italia, 1989. 213 p. (Didattica Viva, 148)

DOHME, V. D. *Técnicas de contar histórias.* São Paulo: Informal, 2001.

———. *32 idéias divertidas que auxiliam o aprendizado para o ensino fundamental.* São Paulo: Informal, 1998.

———; DOHME, W. *Ensinando a criança a amar a natureza.* São Paulo: Informal, 2002.

DOLTO, F. *As etapas decisivas da infância.* São Paulo: Martins Fontes, 1999.

DOREA, A. G. R. *História dos bairros de São Paulo: Aclimação.* São Paulo: Prefeitura do Município de São Paulo. Secretaria Municipal de Cultura, [s. d.]. v. 19.

DORION-COUPAL, K. *Uma brinquedoteca para você.* Montréal: Cide-Omep, 1996. v. 1, 2 e 3.

DUFLO, C. *O jogo de Pascal a Schiller.* Porto Alegre: Artmed, 1999.

DUMAZEDIER, J. *Valores e conteúdos culturais do lazer.* Trad. Regina Maria Vieira. São Paulo: Sesc, 1980. p. 87-99.

DURAND, G. *Du jeu à l'éducation sportive: l'éducation physique et le sport dans les groupements postscolaires*. Paris: Bourrelier, 1955.

DUXBURY, S. Childcare ideologies and resistance: the manipulative strategies of pre-school children. In: POLLARD, A. (Org.). *Children and their primary schools: a new perspective*. London: Falmer Press, 1987. p. 12-25.

EATON, F. *O grande livro das casas de bonecas*. Barcelos: Civilização, 1995.

EBBECK, F. N. Learning from play in other cultures. *Childhood Education*, v. 48, n. 2, p. 68-74, 1971.

ECHAURI, L.V. *Educación preescolar en zonas marginadas: la ambientación del jardín comunitario*. Montevideo: Trillas, 1985. 81 p.

EDWARDS, C. *Cem linguagens da criança: a abordagem da Reggio Emilia na educação da primeira infância*. Porto Alegre: Artmed, 1999.

———. Parceiro, promotor do crescimento e guia: os papéis dos professores de Reggio em ação. In: ———; GANDINI, L.; FORMAN, G. (Org.). *Cem linguagens da criança: a abordagem da Reggio Emilia na educação da primeira infância*. Porto Alegre: Artmed, 1995. p. 159-176.

EFRON, A. M. et al. A hora do jogo diagnóstica. In: OCAMPO, M. L. S. et al. *O processo psicodiagnóstico e as técnicas projetivas*. São Paulo: Martins Fontes, 1986.

EINON, D. *Play with a purpose*. New York: Pantheon Books, 1985.

EISEN, G. *Children and play in the holocaust*. Cambridge: The University Massachusetts Press, 1988.

ELETROPAULO. *Registros 1899-1940*. São Paulo: Eletropaulo, 1982.

ELKONIN, D. *Psicologia do jogo*. São Paulo: Martins Fontes, 1998.

———. Sobre el problema de la periodización del desarrollo psíquico en la infancia. In: *La psicología evolutiva y pedagógica en la URSS*. Moscú: Ed. Progreso, 1987. (Antología)

———. Problemas psicológicos del juego en la edad preescolar. In: *La psicología evolutiva y pedagógica en la URSS*. Moscú: Ed. Progreso, 1987. (Antología)

———. Symbolic and its functions in the play of children. In: HERON, R. E.; SUTTON-SMITH, B. (Ed.). *Child's play*. New York: John Wiley & Sons, 1971.

EMERIQUE, P. S. *Brincaprende: dicas lúdicas para pais e professores*. Campinas: Papirus, 2003.

ERIKSON, E. Brinquedo e razões. In: *Infância e sociedade*. 2. ed. Rio de Janeiro: Zahar, 1976.

———. *I giocattoli del bambino e le ragioni dell'adulto*. Trad. F. D'Agostino e A. Marra. Roma: A. Armando, 1981. (Título original: Toys and reasons: stages in the ritualization of experience)

FARIA, A. *Jogos infantis*. Rio de Janeiro: Almanaque Garnier, 1909.

FARIA, A. L. G. de; DEMARTINI, Z. de B. F.; PRADO, P. D. (Org.). *Por uma cultura da infância: metodologias de pesquisa com crianças*. São Paulo: Autores Associados, 2002. p. 93-111.

FAURE, G.; LASCAR, S. *O jogo dramático na escola primária*. Lisboa: Estampa, 1982. (Temas Pedagógicos)

FEDRIZZI, B. *Paisagismo no pátio escolar*. Porto Alegre: Ed. da Universidade, 1999.

FEIN, G. Pretend play: new perspectives. In: BROWN, J. F. (Org.). *Curriculum planning for young children*. Washington: NAEYC, 1985. p. 22-27.

FERNANDES, F. *O folclore em questão*. 2. ed. São Paulo: Martins Fontes, 2003.

———. *Folclore e mudança social na cidade de São Paulo*. Petrópolis: Vozes, 1979.

FERNANDES, R. S. *Entre nós, o sol: relação entre infância, cultura, imaginário e lúdico na educação não-formal*. São Paulo: Mercado de Letras/Fapesp, 2001. 230 p.

FERNANDEZ, A. *Psicopedagogia em psicodrama: morando no brincar*. Petrópolis: Vozes, 2001.

———. A hora do jogo psicopedagógico: espaço para jogar, espaço para aprender. In: *A inteligência aprisionada*. Porto Alegre: Artmed, 1990. p. 165-177.

FERRAN, P. et al. *Na escola do jogo*. Lisboa: Estampa, 1979. (Técnicas de Educação)

FERREIRA, I. L.; CALDAS, S. P. S. *Atividades na pré-escola*. São Paulo: Saraiva, 1991. 385 p.

FERREIRA, L. P. *A comunicação em jogo*. São Paulo: Loyola, 1983.

FERREIRA, M. C. *O brinquedo através da história*. [s. l.]: Edicon, 1990.

FERREIRA, R. L. *O jogo no processo de aprendizagem*. São Paulo: [s. n.], 2001.

FERREIRA, S. L.; BARBOSA, A. G. *Recreação jogos recreação*. 4. ed. Rio de Janeiro: [s. n.], 2000.

FIGUEIREDO NETO, A. F. de. *A física, o lúdico e a ciência no 1º grau*. São Paulo: [s. n.], 1988.

FILIPPINI, T. Papel do pedagogista. In: EDWARDS, C.; GANDINI, L.; FORMAN, G. (Org.). *Cem linguagens da criança: a abordagem da Reggio Emilia na educação da primeira infância*. Porto Alegre: Artmed, 1995. p. 123-127.

FINE, A. H. *Therapeutic recreation for exceptional children: let me in, I want to play*. Springfield: C. C. Thomas, 1988.

FORMAN, G. Múltipla simbolização no projeto do salto em distância. In: EDWARDS, C.; GANDINI, L.; FORMAN, G. (Org.) *Cem linguagens da criança: a abordagem da Reggio Emilia na educação da primeira infância*. Porto Alegre: Artmed, 1995. p. 176-193.

———; EDWARDS, C. Para onde vamos agora. In: EDWARDS, C.; GANDINI, L.; FORMAN, G. (Org.). *Cem linguagens da criança: a abordagem da Reggio Emilia na educação da primeira infância*. Porto Alegre: Artmed, 1995. p. 303-314.

———; LEE, M.; WRISLEY, L.; LANGLEY, J. Cidade na neve: aplicação da abordagem multissimbólica em Massachusetts. In: EDWARDS, C.; GANDINI, L.; FORMAN, G. (Org.). *Cem linguagens da criança: a abordagem da Reggio Emilia na educação da primeira infância*. Porto Alegre: Artmed, 1995. p. 235-251.

FORTUNA, T. R. Formando professores na universidade para brincar. In: SANTOS, S. M. P. dos (Org.). *A ludicidade como ciência*. Petrópolis: Vozes, 2001. p. 115-119.

———.O jogo e a educação: uma experiência na formação do educador. In: SANTOS, S. M. P. dos (Org.). *Brinquedoteca: a criança, o adulto e o lúdico*. Petrópolis: Vozes, 2000. p. 73-85.

FRAGA, C. Dicionário de brinquedos. *Folclore*, v. 3, n. 13, p. 7, maio/jun. 1952.

FRANCIA, A.; MARTÍNEZ, O. *Jogos e dinâmicas*. Apelação (Portugal): Paulus, 2000. (Educar para Valores, 2)

FRANCKS, O. R. Scribbles? Yes, they are art! In: BROWN, J. F. (Org.). *Curriculum planning for young children*. Washington: NAEYC, 1985. p. 178-186.

FREINET, C. *L'éducation du travail*. Paris: Delachaux et Niesk, 1967.

FREIRE, B. J. *O jogo: entre o riso e o choro*. Campinas: Autores Associados, 2005.

———. *Educação de corpo inteiro: teoria e prática da educação física*. São Paulo: Scipione, 1989.

———. *De corpo e alma*. São Paulo: Summus, [s. d.].

FREITAS, A. A. de. *Tradições e reminiscências paulistanas: 1921-1978*. São Paulo: Governo do Estado de São Paulo, 1978.

FREITAS, M. T. de A. (Org.). *Vygotsky um século depois*. Juiz de Fora: EDUFJF, 1998. 104 p.

FREUD, S. Além do princípio do prazer. In: *Obras psicológicas completas de Sigmund Freud*. v. 18. Rio de Janeiro: Imago, 1976. p. 23-29.

———. Escritores criativos e devaneios. In: *Obras psicológicas completas de Sigmund Freud*. Rio de Janeiro: Imago, 1976. p. 147-158. v. 9.

FREYRE, G. *Casa grande e senzala*. Rio de Janeiro: Schmidt, 1938.

FRIEDMANN, A. *O brincar no cotidiano da criança*. São Paulo: Moderna. 2006.

———. *O universo simbólico da criança: olhares sensíveis para a infância*. Petrópolis: Vozes, 2005.

———. FIGUEIRÓ, J. A. O papel essencial do adulto na vida da criança na primeira infância. *Revista Conasems*, Brasília, ano I, n. 10, p. 46-47, fev./mar. 2005.

———. et al. Primeira infância e origens da violência. *Divulgação em Saúde Para Debate*, Rio de Janeiro, n. 33, p. 83-92, maio 2005. (Série Conasems: Saúde e Paz)

———. Violência e cultura de paz. *Enciclopédia Internacional de Educação Infantil*, [s. l.: s. n.], 2005.

———. As linguagens simbólicas das crianças. *Revista Pátio Educação Infantil*, Porto Alegre: Artmed, 2005.

———. Construindo uma cultura de paz na primeira infância. *Revista Conasems*, Brasília, 2005.

———. *Dinâmicas criativas: um caminho para a transformação de grupos*. Petrópolis: Vozes, 2004.

———. O que é infância. *Revista Pátio Educação Infantil*, Porto Alegre: Artmed, 2004.

———. Uma infância digna é possível. *Revista ABC Educatio*, São Paulo, 2004.

———. *A arte de brincar*. Petrópolis:Vozes, 2003.

———. O papel do brincar na cultura contemporânea. *Revista Pátio Educação Infantil*, Porto Alegre: Artmed, 2003.

———. Professor criador de ambiente de alta qualidade. *Revista do Professor*, Rio Pardo (RS), 2003.

———. Diálogos sobre a infância. Disponível em: www.nepsid.com.br. Acesso em 2003.

———; CRAEMER, U. (Org.). *Caminhos para uma aliança pela infância*. São Paulo: Aliança pela Infância, 2003.

———. *Cadernos do Nepsid: 1, 2 e 3*. São Paulo: Nepsid, 2002.

———. *Brincar, crescer e aprender: o resgate do jogo infantil*. São Paulo: Moderna, 1996.

———. et al. *O direito de brincar: a brinquedoteca*. São Paulo: Scritta/Abrinq, 1992. p. 170-182.

———. Jogos tradicionais. *Idéias*, São Paulo: FDE, n. 7, 1990.

———. O museu de brinquedos. *Cadernos do EDM*, Faculdade de Educação/ USP, v. 2, n. 2, 1990.

FRITZEN, S. J. *Exercícios práticos de dinâmica de grupo*. Petrópolis:Vozes, 1981. v. 1 e 2.

———. *Jogos dirigidos para grupos, recreação e aulas de educação física*. Petrópolis: Vozes, 1981.

FROST, J. L.; HENNIGER, M. L. Making playgrounds safe for children and children safe for playgrounds. In: BROWN, J. F. (Org.). *Curriculum planning for young children*. Washington: NAEYC, 1985. p. 48-55.

FUNDAÇÃO para o Desenvolvimento da Educação. O cotidiano de pré-escola. *Idéias*, São Paulo: FDE, n. 7, 1990.

FUNDAÇÃO Roberto Marinho. *Aventura de crescer*. Rio de Janeiro: Globo, 1985. 96 p. (O Primeiro Mundo, 2)

FUNDAÇÃO Roberto Marinho. *Professor da pré-escola*. Rio de Janeiro: Fundação Roberto Marinho/MEC, 1991. 2 v.

FURMAN, E. Helping children cope with death. In: BROWN, J. F. (Org.). *Curriculum planning for young children*. Washington: NAEYC, 1985. p. 238-245.

FUSARI, M. F. de R. *O educador e o desenho animado que a criança vê na televisão*. São Paulo: Loyola, 1985. 162 p. (Educar, 3)

GABARDINO, J. et al. *Children in danger*. California, USA: Jossey-Bass, 1992.

GALLINO, T. G. *O mundo imaginário das crianças: no princípio era o ursinho*. Porto: Civilização, 1996.

GANDINI, L.; EDWARDS, C. *Bambini: a abordagem italiana à educação infantil.* Porto Alegre: Artmed, 2002.

———. Espaços educacionais e de envolvimento pessoal. In: EDWARDS, C.; GANDINI, L.; FORMAN, G. (Org.). *Cem linguagens da criança: a abordagem da Reggio Emilia na educação da primeira infância.* Porto Alegre: Artmed, 1995. p. 145-158.

GARCIA, E. E. Bilingualism in early childhood. In: BROWN, J. F. (Org.). *Curriculum planning for young children.* Washington: NAEYC, 1985. p. 87-101.

GARCIA, R. L. et al. *Revisitando a pré-escola.* São Paulo: Cortez, 1993. 167 p.

GARCIA, R. M. R.; MARQUES, L. A. *Jogos e passeios infantis.* Porto Alegre: Kuarup, 1991. 182 p. (Folclore, 2)

———. *Brincadeiras cantadas.* Porto Alegre: Kuarup, 1988.

GARFELLA, P. R.; MARTIN, R. L. *El juego como recurso educativo: guía antológica.* Valencia: Tirant lo Blanch, 1999.

GARON, D. *Le système ESAR: guide d'analyse, de classification e d'organisation d'une collection de jeux et jouets.* Paris: Ed. Du Cercle de la Librairie, 2002.

———. Classificação e análise de materiais lúdicos. O Sistema ESAR. In: *O direito de brincar: a brinquedoteca.* São Paulo: Scritta, 1992.

———. *La classification des jeux et des jouets. Le système ESAR.* Canadá: Documentor, 1985.

GARVEY, C. *Brincar.* Lisboa: Edições Salamandra, 1992.

GESELL, A. *El niño de 1 a 5 anos.* Buenos Aires: Paidós, 1963.

GILI, E. *El juego: técnicas lúdicas en psicoterapia grupal de adultos.* Barcelona: Gedisa, 1979.

GILLET, A.-M. Jouer, créer. Jouer, apprendre. In: CENTRE Georges Pompidou. *Vos jeux... des lignes, des formes, des couleurs.* Paris: Centre Georges Pompidou, 1991. p. 12-14. (Atelier des Enfants)

GIORGI, M.; SOMALVICO, H. *Bambole: conoscerle e collezionarle (i marchi e le valutazioni).* Rimini: Idea Libri, 1999.

GIRAUDY, D. Préface, à vous de jouer. In: CENTRE Georges Pompidou. *Vos jeux... des lignes, des formes, des couleurs.* Paris: Centre Georges Pompidou, 1991. p. 3-4. (Atelier des Enfants)

GOETZ, E. M. Early reading: a developmental approach. In: BROWN, J. F. (Org.). *Curriculum planning for young children.* Washington: NAEYC, 1985. p. 79-86.

GOLBERT, C. S. *Jogos: Athurma 2 – matemática nas séries iniciais. O sistema decimal de numeração.* Porto Alegre: Mediação, 2000.

GOMES, W. L. M. *Manual de recreação e educação física infantil: estimulação bio-essencial.* Araçatuba: Leme, [1984?].

GONÇALVES, M. F. C. Se a professora me visse voando ia me pôr de castigo: a representação da escola feita por alunos de pré-escola da periferia. In: OLIVEIRA, Z. de M. R. de (Org.). *Educação infantil: muitos olhares.* São Paulo: Cortez, 1994. p. 159-176.

GOTTFRIED, A.; BROWN, C. C. *Play interactions: the contribution of play materials and parental involvement to children's development.* Massachusetts: Lexington Books, 1986. (Proceedings of the eleventh Johnson & Johnson Pediatric Round Table)

GRAVES, M. *Daily planning around the key experiences: the teacher's idea book.* Michigan: The High/Scope Press, 1989. 75 p.

GREENFIELD, P. M. *O desenvolvimento do raciocínio na era da informática: os efeitos da TV, computadores e videogames.* São Paulo: Summus, 1988.

GREENMAN, J. *Caring spaces, learning places: children's environments that work.* Washington: Exchange Press, 1988. 217 p.

GREGG, E. M.; The Boston Children's Medical Center. *Dê uma atividade a seu filho quando ele não tiver o que fazer.* Rio de Janeiro: J. Olympio, 1988. 123 p.

GRIFFING, P. Encouraging dramatic play in early childhood. In: BROWN, J. F. (Org.). *Curriculum planning for young children.* Washington: NAEYC, 1985. p. 38-47.

GROUPE d'Étude pour la Defense et la Rénovation de l'École Maternelle. *Accueillir la petite enfance.* Paris: Syros, 1978. 256 p.

GRUBER, H. E. Le courage et le dévelopement intelectuel chez les enfants et les savants. In: SCHWEBEL, M.; RAPH, J. *Piaget à l'école.* Paris: Denöel/Gonthier, 1976.

GRÜSNPUM, H. *Psicoterapia lúdica de grupos com crianças.* São Paulo: Atheneu, 1997.

———. Distúrbios da sociabilidade: o jogo. In: ———. *Distúrbios neuróticos da criança.* 4. ed. Rio de Janeiro: Atheneu, 1985. p. 296-298.

GUEGUEN, C.; LEVEAU, H. T. *Rendez-vous à la crèche.* Toulouse: Privat, 1993. 175 p. (Pratiques Sociales)

GUERRA, M. *Recreação e lazer.* 5. ed. Porto Alegre: Sagra DC Luzzatto, 1996.

GUIA de brinquedos e jogos: os melhores do ano – 1999/2000. São Paulo: Abrinq, [s. d.]

GUILLARMÉ, J. J. *Educação e reeducação psicomotoras.* Porto Alegre: Artmed, 1987.

GUILLEN, E. *Manual de jogos.* São Paulo: Flamboyant, 1962.

GUTTON, P. *Jeu chez l'enfant: essai psychanalytique.* Paris: Larousse, 1973. 176 p. (Sciences Humaines et Sociales)

HALLIER, J.; MACEDO, J. G. de. *Jogos do escolar de São Paulo: psicologia educacional.* São Paulo: USP, n. 1, 1946.

HARTLEY, D. Time of their lives: bureaucracy and the nursery school. In: POLLARD, A. (Org.). *Children and their primary schools: a new perspective.* London: Falmer Press, 1987. p. 58-73.

HARTLEY, R. E.; FRANK, L. K.; GOLDENSON, R. M. *Como compreender los juegos infantiles.* Trad. Noemi Rosenblat. Buenos Aires: Horme, ca. 1977.

HARTMANN, H. *O livro das bonecas.* Rio de Janeiro: Civilização Brasileira, 1996.

HASWELL, K. L. et al. Techniques for dealing with oppositional behavior in preschool children. In: BROWN, J. F. (Org.). *Curriculum planning for young children.* Washington: NAEYC, 1985. p. 221-227.

HAYEK, C. (Coord.). *Petite enfance, éveil aux savoirs.* Paris: Groupe Permanent à la Formation Profissionnelle, 1992. 321 p.

HENDRICK, J. *Educación infantil.* Barcelona: CEAC, 1990. 2 v.

HENRIOT, J. Sans couleur de jouer. La métaphore ludique (compte rendu). In: *Études et Documents,* n. 2. Paris: Université Paris-Nord, 1989-1990.

HENRIQUES, A. C. *Jogar e compreender: propostas de material pedagógico.* Lisboa: Instituto Piaget, [s. d.].

HERR, J.; MORSE, W. Food for thought: nutrition education for young children. In: BROWN, J. F. (Org.). *Curriculum planning for young children.* Washington: NAEYC, 1985. p. 151-159.

HERRON, R. E.; SUTTON-SMITH, B. *Child's play.* New York: John Wiley & Sons, 1971.

HEYLEN, J. *Parlenda, riqueza folclórica.* São Paulo: Hucitec, 1991.

HOLZMANN, M. E. *Jogar é preciso: jogos espontâneo-criativos para famílias e grupos.* Porto Alegre: Artmed, 1998.

HORN, M. da G. S. *Sabores, cores, sons, aromas: a organização dos espaços na educação infantil.* Porto Alegre: Artmed, 2004. 119 p.

HORTÉLIO L. *História de uma manhã.* São Paulo: Massao Ohno, 1987.

HUBER, J. *Ocupaciones infantiles.* Buenos Aires: Editorial Kapeluz, 1963.

HUIZINGA J. *Homo ludens: a brincadeira como elemento da cultura.* 2. ed. Trad. João Paulo Monteiro. São Paulo: Perspectiva, 1980.

HVASTRA-STEFANI, L. Interazione sociale tra bambini coetanei da 8 a 14 mesi: un'analisi qualitativa. In: MUSATTI, T.; MANTOVANI, S. (Org.). *Bambini al nido: gioco, comunicazione e rapporti affettivi.* Bergamo: Juvenilia, 1987. p. 41-48. (La Ricerca in Asilo-Nido, 2)

INDURIAN, N. C. *La actividad en la educación infantil en la escuela infantil de 0 a 6 años.* Madrid: Ed. Anaya, 1988.

INHELDER, B. et al. Das estruturas cognitivas aos procedimentos de descoberta. In: LEITE, L. B. (Org.). *Piaget e a escola de Genebra.* São Paulo: Cortez, 1987. p. 75-91.

———. *Aprendizagem e estruturas do conhecimento.* São Paulo: Saraiva, 1977.

INSTITUT de l'Enfance et de la Famille. *Jeune enfant et l'architecte: les lieux de la petite enfance.* Paris: Syros Alternatives, 1991. 268 p.

INSTITUTO Nacional de Estudos Pedagógicos. *Jogos infantis na escola elementar.* Rio de Janeiro: INEP, 1955. (Reedição de 1934)

IVIC, I. Experiences of the research so far done on traditional children's games, In: *Traditional games and children of today.* Belgrado, OMEP Traditional Games Project. Belgrado, 1986.

———. Un proyecto internacional en torno a los juegos infantiles tradicionales. In: *El juego en la educación (II): actitudes y tendencias*. Perspectivas, UNESCO, v. 16, n. 4, 1986.

JACQUIN, G. *A educação pelo jogo*. São Paulo: Flamboyant, 1960.

JALOWITZKI, M. *Manual comentado de jogos e técnicas vivenciais*. Porto Alegre: Sulina, 1998.

JAULIN, R. *Jeux et jouets: essai d'ethnotechnologie*. Paris: Editions Aubier Montaigne, 1979.

JENSEN, M. A.; HANSON, B. A. Helping children learn to read: what research says to teachers. In: BROWN, J. F. (Org.). *Curriculum planning for young children*. Washington: NAEYC, 1985. p. 58-68.

JONES, G. *Brincando de matar monstros: por que as crianças precisam de fantasia, video games e violência de faz-de-conta*. São Paulo: Conrad, 2004.

JONES, N. B. (Org.). *Ethological studies of child behaviour*. London: Cambridge University Press, 1972. 400 p.

JONES, N. B. Categories of child: child interaction. In: ———. (Org.). *Ethological studies of child behaviour*. London: Cambridge University Press, 1972. p. 97-127.

JOPPERT, M. A. *Brinquedos cantados pelas crianças cariocas*. Distrito Federal: [s. n.], 1955.

JOUBERT, J. *Comment faire? Vivre les marionettes à l'école maternelle*. Paris: Fernand Nathan, 1966. 63 p.

JUNQUEIRA FILHO, G. de A. *Interdisciplinaridade na pré-escola: anotações de um educador "on the road"*. São Paulo: Pioneira, 1994. 100 p. (Pré-escola Brasileira)

KAMII, C. Les principes pédagogiques tirés des théories de Piaget face à la pratique. In: SCHWEBEL, M.; RAPH, J. *Piaget à l'école*. Paris: Denöel/Gonthier, 1976. (Ed. Americana, Basic Books Inc., USA, 1973)

———. Les theories de l'intéraction chez Piaget et les méthodes d´enseignement aux jeunes enfants. In: SCHWEBEL, M.; RAPH, J. *Piaget à l'école*. Paris: Denöel/Gonthier, 1976. (Ed. Americana, Basic Books Inc., USA, 1973)

———; DEVRIES, R. *Jogos em grupo na educação infantil: implicações da teoria de Piaget*. São Paulo: Trajetória Cultural, 1991.

———; ———. *A teoria de Piaget e a educação pré-escolar*. Lisboa: Instituto Piaget, [s. d.].

———; ———. *Conhecimento físico na educação pré-escolar: implicações da teoria de Piaget*. Porto Alegre: Artmed, 1991. 328 p.

———; LEE-KATZ, L. Physics in preschool education: a piagetian approach. In: BROWN, J. F. (Org.). *Curriculum planning for young children*. Washington: NAEYC, 1985. p. 171-176.

KATZ, L. G. Que podemos aprender com Reggio Emilia. In: EDWARDS, C.; GANDINI, L.; FORMAN, G. (Org.). *Cem linguagens da criança: a abordagem da Reggio Emilia na educação da primeira infância*. Porto Alegre: Artmed, 1995. p. 37-55.

KAUFMAN, P. Papoulas e a dança da criação do mundo. In: EDWARDS, C.; GANDINI, L.; FORMAN, G. (Org.). *Cem linguagens da criança: a abordagem da Reggio Emilia na educação da primeira infância.* Porto Alegre: Artmed, 1995. p. 295-299.

KINSMAN, C.; BERK, L. E. Joining the block and housekeeping areas: changes in play and social behavior. In: BROWN, J. F. (Org.). *Curriculum planning for young children.* Washington: NAEYC, 1985. p. 28-37.

KISHIMOTO, T. M. (Org.). *O brincar e suas teorias.* São Paulo: Pioneira, 1998.

———. (Org.). *Jogo, brinquedo, brincadeira e a educação.* São Paulo: Cortez, 1996.

———. *O jogo e a educação infantil.* São Paulo: Pioneira, 1994.

———. *Jogos tradicionais infantis: o jogo, a criança, a educação.* Petrópolis: Vozes, 1993.

———. (Coord.). *Jogos tradicionais infantis do Brasil.* São Paulo: Feusp, 1992.

KLEIN, M. Personificação do brincar das crianças (1929). In: ———. *Amor, culpa e reparação e outros trabalhos (1921-1945).* Rio de Janeiro: Imago, 1996. p. 228-239. (Obras Completas de Melanie Klein, v. 1)

———. A técnica psicanalítica através do brincar: sua história e significado. In: ———. *Inveja e gratidão e outros trabalhos (1946-1963).* Rio de Janeiro: Imago, 1991. p. 149-168. (Obras Completas de Melanie Klein, v. 3)

———. *Psicanálise da criança.* São Paulo: Mestre Jou, 1981.

———. *A psicanálise de hoje: aproximação moderna aos problemas humanos.* Rio de Janeiro: Imago, 1970.

KNAPE, P. *Mais do que um jogo: teoria e prática do jogo em psicoterapia.* São Paulo: Agora, 1998.

KOBLINSKY, S. et al. Sex education with young children. In: BROWN, J. F. (Org.). *Curriculum planning for young children.* Washington: NAEYC, 1985. p. 160-169.

KORCZAK, J. *Comment aimer un enfant.* Paris: Robert Laffont, 1958. (Collection Réponses)

KOTLIARENCO, M. A. El juego como posibilidad de refuerzo a la resiliencia. In: SANTOS, S. M. P. dos (Org.). *Brinquedoteca: o lúdico em diferentes contextos.* Petropólis: Vozes, 1997.

KOUDELA, I. D. *Texto e jogo.* São Paulo: Perspectiva, 1999.

KRAMER, S. *Com a pré-escola nas mãos.* São Paulo: Ática, 1989.

———. LEITE, M. I. F. P. (Org.). *Infância: fios e desafios da pesquisa.* Campinas: Papirus, 1997. 192 p. (Prática Pedagógica)

KREBS, R. J. et al. *Perspectivas para o desenvolvimento infantil.* Organização de Imprenta Santa Maria: SIEC, 1999.

KUSHKOFF, D. *Um jogo chamado futuro: como a cultura dos garotos pode nos ensinar a sobreviver na era do caos.* Rio de Janeiro: Revan, 1999.

LAFARGUE, P. *O direito à preguiça.* São Paulo: Claridade, 2003.

LAMME, L. L. Handwriting in an early childhood curriculum. In: BROWN, J. F. (Org.). *Curriculum planning for young children.* Washington: NAEYC, 1985. p. 109-116.

LAVI, G. Individuazione e reppresentazione del Sé nel bambino in asilo nido: osservazioni critiche. In: MUSATTI, T.; MANTOVANI, S. (Org.). *Bambini al nido: gioco, comunicazione e rapporti affettivi.* Bergamo: Juvenilia, 1987. p. 103-112. (La Ricerca in Asilo-Nido, 2)

LEBOVICI, S.; SOULÉ, M. *El conocimiento del niño a través del psicoanálisis.* México: Fondo de Cultura Econômica, 1986.

——— ; DIATKINE, R. *Significado e função do brinquedo na criança.* Porto Alegre: Artmed, 1985.

LEEKEENAN, D.; NIMMO, J. Conexões: uso da abordagem de projeto com crianças de 2 e 3 anos em uma escola-laboratório universitária. In: EDWARDS, C.; GANDINI, L.; FORMAN, G. (Org.). *Cem linguagens da criança: a abordagem da Reggio Emilia na educação da primeira infância.* Porto Alegre: Artmed, 1995. p. 253-268.

LEEMING, J. N. *Como construyo yo mismo mis juguetes: 101 juguetes ingeniosos que los niños pueden construirse.* Barcelona: José Montesó Editor, 1947.

LEGENDRE, A. Transformation de l'espace d'activités et echanges. *Psychologie française,* v. 32, n. 1-2, p. 31-43, juin 1987.

———. Effects of spatial arrangement on child/child and child/caregivers interactions: an ecological experiment in day care center. *Anais da 16ª Reunião Anual de Psicologia da Sociedade de Psicologia de Ribeirão Preto.* p. 131-142, 1986.

———. Appropriation par les enfants de l'environnement architectural: ses modalités et ses effets sur les activités dans les grandes sections de crèches. *Enfance,* v. 3, p. 389-395, 1983.

LEIF, J.; BRUNELLE, L. *O jogo pelo jogo: a atividade lúdica na educação de crianças e adolescentes.* Rio de Janeiro: Zahar, 1978.

LENZI, T. Recreação para crianças em enfermaria pediátrica. In: FRIEDMANN, A. et al (Org.). *O direito de brincar: a brinquedoteca.* São Paulo: Scritta, 1992. p. 139-149.

LEONTIEV, A. Os princípios psicológicos da brincadeira pré-escolar. In: VYGOTSKY, L. S. et al. *Linguagem, desenvolvimento e aprendizagem.* São Paulo: Ícone, 1988. p. 119-142.

———. El desarrollo psíquico del niño en la edad preescolar. In: *La psicología evolutiva y pedagógica en la URSS.* Moscú: Ed. Progreso, 1987. (Antología)

———. El enfoque histórico en el estudio de la psiquis del hombre. In: *La psicología evolutiva y pedagógica en la URSS.* Moscú: Ed. Progreso, 1987. (Antología)

LHÔTE, J.-M. *Le symbolisme des jeux.* Paris: Berg International, 1976.

LIMA, R. T. de; ANDRADE, J. de. *Escola de folclore.* São Paulo: Ed. Livramento, 1979.

———. *Abecê do folclore.* São Paulo: Ricordi, 1968. (1. ed. 1945)

LINAZA, J. L. *Jugar y aprender.* Madrid: Alambra Longman, 1992.

LINDQUIST, Y. Brincar no hospital. In: FRIEDMANN, A. et al. (Org.). *O direito de brincar: a brinquedoteca*. São Paulo: Scritta, 1992. p. 127-138.

LIRA, M.; POSADA, L. *Uma, duas angolinhas*. Rio de Janeiro: [s. n.], 1941.

LLEIXA ARRIBAS, T. (Coord.). *Educación infantil 0-6 años: expresión y comunicación*. Barcelona: Paidotribo, [s. d.]. 362 p.

LOOS, S. *Viagem à fantasia: jogos criativos e não-competitivos na escola e em família*. São Paulo: Paulus, 2001.

LOPES, M. G. *Jogos na educação: criar, fazer, jogar*. 2. ed. rev. São Paulo: Cortez, 1999.

LORANT, S. Jeux éducatifs, des lignes, des formes, des couleurs (quelques exemples commentés). In: CENTRE GEORGES POMPIDOU. *Vos jeux... des lignes, des formes, des couleurs*. Paris: Centre Georges Pompidou, 1991. p. 45-49. (Atelier des Enfants)

LORENIZINI, M. *Brincando a brincadeira com a criança deficiente: novos rumos terapêuticos*. Barueri: Manole, 2002.

LUCCI, E. A. Escola pública e o lúdico. In: ALE, J. M. F. do. (Org.). *Escola pública e sociedade*. São Paulo: Saraiva, 2002. p. 300-306.

MAC GREGOR, C. *150 jogos não-competitivos para crianças: todo mundo ganha*. São Paulo: Madras, [s. d.].

MACEDO, L. *Os jogos e o lúdico na aprendizagem escolar*. Porto Alegre: Artmed, 2005.

———. Para uma psicopedagogia construtivista. In: ALENCAR, E. M. S. (Org.). *Novas contribuições da psicologia aos processos de ensino e aprendizagem*. São Paulo: Cortez, 1992. p. 119-140.

———. et al. *Aprender com jogos e situações-problema*. Porto Alegre: Artmed, 2000.

———. et al. *Quatro cores, senha e dominó: oficinas de jogos em uma perspectiva construtivista e psicopedagógica*. São Paulo: Casa do Psicólogo, 1997.

MACHADO, A. A. Sociedade. In: ———. *Brás, Bexiga e Barra Funda*. Rio de Janeiro: J. Olympio, 1921.

MACHADO, M. L. (Org.). *Encontros e desencontros na educação infantil*. São Paulo: Cortez, 2002.

MACHADO, M. M. *Cacos de infância: teatro da solidão compartilhada*. São Paulo: Fapesp/ Annablume, 2004.

———. *Poética do brincar*. São Paulo: Loyola, 1998. 75 p.

———. *O brinquedo-sucata e a criança*. São Paulo: Loyola, 1994.

MACRUZ, F. M. S. et al. *Jogos de cintura*. 4. ed. Petrópolis: Vozes, 2000.

MAGALHÃES, F.; ROSSETI-FERREIRA, M. C. *Tempo de mudança na creche Dom Bosco*. Vídeo apresentado na 17ª Reunião Anual de Psicologia de Ribeirão Preto, 1987.

MAIA, A. M. dos S.; LIMA, R. S. *Poesia é brincar com palavras: leitura do poema infantil na sala de aula*. Maceió: Edufal, 2002. 79 p.

MAIA, F. P. *Os melhoramentos de São Paulo*. São Paulo: Prefeitura Municipal, 2ª tiragem atualizada, 1945.

MALAGUZZI, L. História, idéias e filosofia básica. In: EDWARDS, C.; GANDINI, L.; FORMAN, G. (Org.). *Cem linguagens da criança: a abordagem da Reggio Emilia na educação da primeira infância*. Porto Alegre: Artmed, 1995. p. 59-104.

MALE, P. *Psicoterapia da primeira infância: da teoria à prática*. Rio de Janeiro: Zahar, 1979.

MALUF, Â. C. M. *Brincar*. Petrópolis: Vozes, 2003.

MARCELLINO, N. C. *Pedagogia da animação*. 4. ed. Campinas: Papirus, 2002. (1. ed. 1989)

———. (Org.). *Lúdico, educação e educação física*. Ijuí: Ed. Unijuí, 1999.

———. (Org.). *Repertório de atividades de recreação e lazer*. Campinas: Papirus, 2002. (Coleção Fazer Lazer)

MARINHO, H. S. *Brincar e reeducar*. Rio de Janeiro: Revinter, 1993.

MARINHO, I. P. *10 brinquedos cantados, originais e inéditos*. Rio de Janeiro: [s. n.], 1955.

MARIOTTI, F. R. *O jogo e os jogos*. Porto Alegre: Alves Editores, [s. d.].

MARJANOVIC, A. The theoretical and methodological problems concerning the project on traditional games. In: *Traditional games and children of today*. Belgrade, OMEP Traditional Games Project. Belgrado, 1986.

MARQUES, F. *Carretel de invenções*. Belo Horizonte: CBIA/AMEPPE, 1993. 192 p.

MASETTI, M. *Soluções de palhaços: transformações na realidade hospitalar*. São Paulo: Palas Athena, 1998.

Matos, C. M. de. *Como aprimorar e desenvolver o pensamento infantil através de jogos e atividades lúdicas*. São Paulo: [s. n.], 2003.

MATTERSON, E. M. *Play and playthings for the preschool child*. New York: Penguin Books, 1974. 180 p.

MATURANA, H.; VERDEN-ZÖLLER, G. *Amor y juego: fundamentos olvidados de lo humano*. Santiago do Chile: Instituto de Terapia Cognitiva, 1993.

MCCAIL, G. *Pre-five environment quality rating scale*. Edinburgh: Moray House Publications, 1991. 17 p.

MCDONALD, D. T.; RAMSEY, J. Awakening the artist: music for young children. In: BROWN, J. F. (Org.). *Curriculum planning for young children*. Washington: NAEYC, 1985. p. 187-194.

MCGREW, W. C. Aspects of social development in nursery school children, with emphasis on introduction to the group. In: JONES, N. B. (Org.). *Ethological studies of child behaviour*. London: Cambridge University Press, 1972. p. 129-156.

MEAD, G. H. *Mind, self and society*. Chicago: University of Chicago Press, 1934.

MEDEIROS, E. B. *Jogos para recreação infantil*. Fundo de Cultura, 1960. 2 v.

———. *108 jogos para jardim de infância*. Rio de Janeiro: Agir, 1960.

MERKH, D. *101 idéias criativas*. Campinas: Jumoc, 1995.

MICHELET, A. *Los útiles de la infancia*. Barcelona: Herder, 1977.

MILITÃO, A.; MILITÃO, R. *Jogos, dinâmicas e vivências grupais*. Rio de Janeiro: Qualitymark, 2000.

MIRANDA, D. S. (Org.). *O parque e a arquitetura: uma proposta lúdica*. Campinas: Papirus. 1996.

MIRANDA, H. T.; MENEZES, L. C. (Org.). *Almanaque de criação pedagógica: a aventura da explicação*. Petrópolis: Vozes, 2002.

MIRANDA, N. *210 jogos infantis*. Belo Horizonte: Itatiaia, 1992.

———. *Organização das atividades de recreação*. Belo Horizonte: Itatiaia, 1984.

———. *200 jogos infantis*. Belo Horizonte: Itatiaia, 1980. (1. ed. 1948.)

MIRANDA, S. de. *101 atividades recreativas para grupos em viagens de turismo*. Campinas: Papirus, 2001.

———. *Do fascínio do jogo à alegria do aprender nas séries iniciais*. Campinas: Papirus, 2001.

———. *Escrever é divertido: atividades lúdicas de criação literária*. Campinas: Papirus, 1999.

Monaco, R. A. *Laboratório de brinquedos e materiais pedagógicos*. [s. l.: s. n.], 1998.

———. *O uso do jogo na sala de aula: análise e reflexão do ponto de vista psicopedagógico*. São Paulo: [s. n.], 1997.

MONTEIRO, R. F. *Jogos dramáticos*. São Paulo/Rio de Janeiro: McGran-Hill, 1979.

MOOR, P. *El juego en la educación*. Barcelona: Herder, 1987.

MORENO, I. *Todos tenemos tiempo: nueva práctica del tiempo libre en el siglo XXI*. [s. l.]: Ed. Humanitas, [s. d.]. (Colección Cosmovisión)

Motta, J. M. C. *Jogos*. São Paulo: Plexus, 1994.

MOURA, M. O. *A séria busca no jogo: do lúdico na matemática*. São Paulo: Cortez, 1996.

MOYLES, J. *Só brincar?: o papel do brincar na educação infantil*. Porto Alegre: Artmed, 2002.

MULATTI, A. *Tia, vamos viajar para a Lua?: o espaço do brincar numa escola municipal de educação infantil*. São Paulo: [s. n.], 1997.

MUNARI, B. *Fantasia: invenção, criatividade e imaginação na comunicação visual*. 2. ed. Lisboa: Perspectiva, 1987. (Col. Dimensões, 9)

MUSARRA, A. *Fabricación de artículos de cotillón, chascos y fiestas infantiles*. Buenos Aires: Hobby, 1949.

———. *Fabricación de juguetes de madera*. Buenos Aires: Hobby, 1947.

MUSATTI, T.; MANTOVANI, S. (Org.). *Bambini al nido: gioco, comunicazione e rapporti affettivi*. Bergamo: Juvenilia, 1987. 156 p. (La Ricerca in Asilo-Nido, 2)

———; MUELLER, E. Giocare e saber giocare: sviluppo cognitivo e interazione tra coetanei nel secondo anno di vita. In: MUSATTI, T.; MANTOVANI, S. (Org.). *Bambini al nido: gioco, comunicazione e rapporti affettivi*. Bergamo: Juvenilia, 1987. p. 83-90. (La Ricerca in Asilo-Nido, 2)

NATIONAL Association for the Education of Young Children. *Sensory play: constructing realities* (Jogos sensoriais: construindo realidades). Washington: NAEYC, 1994.

———. *Infant curriculum: great explorations* (Currículo para bebês: grandes explorações). Washington: NAEYC, 1993.

———. *Classroom environment* (Ambiente de sala de aula). Michigan: NAEYC, 1991.

———. *Language and literacy: becoming readers and writers* (Linguagem e alfabetização). Michigan: NAEYC, 1991.

———. *Mathematics* (Matemática). Michigan: NAEYC, 1991.

———. *Teaching the whole child in the kindergarten* (Ensinando a criança de forma integrada no jardim de infância). Washington: NAEYC, 1991.

———. *Toddler curriculum making connections* (Currículo para crianças de 1 a 3 anos de idade: estabelecendo conexões). Washington: NAEYC, 1991.

———. *Building quality child care: health and safety* (Construindo programas de educação infantil de qualidade: saúde e segurança). Washington: NAEYC, 1990.

———. *Rotina diária*. Michigan: NAEYC, 1990.

———. *Apoio à aprendizagem ativa*. Michigan: NAEYC, 1989.

———. *The plan-do-review process* (Processo planejar, fazer, rever). Michigan: NAEYC, 1989.

———. *Appropriate curriculum for young children: the role of the teacher* (Currículo apropriado para crianças pequenas: o papel da professora). Washington: NAEYC, 1988.

———. *Discipline: appropriate guidance of young children* (Disciplina técnica de orientação para crianças pequenas). Washington: NAEYC, 1988.

———. *Hora do pequeno grupo*. Michigan: NAEYC, 1988.

———. *Lessons that last: what makes a good early children program?* (Lições para toda a vida). Michigan: NAEYC, 1988.

———. *Developmentally appropriate practice: birth through age 5* (Práticas apropriadas ao desenvolvimento: currículo apropriado para crianças pequenas – do nascimento aos 5 anos). Washington: NAEYC, 1987.

———. *Uma classe com blocos*. Washington: NAEYC, 1987.

———. *Environments for young children with Elizabeth Prescott and Elizabeth Jones* (Ambientes para crianças pequenas com Elizabeth Prescott e Elizabeth Jones). Washington: NAEYC, 1985.

NEGRINE, A. *Aprendizagem e desenvolvimento infantil: simbolismo e jogo*. Porto Alegre: Prodil, 1994. v. 1.

NETO, S. *O jogo das bolinhas*. Rio de Janeiro: Funarte, 1977. (Cadernos de Folclore)

NEVES, G. S. O jogo das pedrinhas. *Folclore*, v. 2, n. 7- 8, p. 1, jul./out. 1950.

———. O jogo de gude. *Folclore*, v. 2, n. 7-8, p. 1, jul./out. 1950.

NEW directions for child play: children's play. Massachusetts: Jossey-Bass, n. 9, 1980.

NEW, R. Variações culturais sobre a prática desenvolvimentalmente apropriada: desafios à teoria e a prática. In: EDWARDS, C.; GANDINI, L.; FORMAN, G. (Org.). *Cem linguagens da criança: a abordagem da Reggio Emilia na educação da primeira infância*. Porto Alegre: Artmed, 1995. p. 219-234.

NEWELL, W. W. *Games and songs of American children* New York: Dover, 1963.

NORWEGIAN Commissioner for Children 1990, the. *Facts about children in Norway*. Oslo: Norwegian Commissier for Children, 1990. 102 p.

NOVAES, I. C. *Brincando de roda*. Rio de Janeiro: Agir, 1986. 258 p.

NUNES, A. *Sociedade das crianças A'Uwë – Xavante: por uma antropologia da criança*. Lisboa: IIE, 1999. 231 p. (Temas de Investigação, 8)

OAKLANDER, V. *Descobrindo crianças: a abordagem gestáltica com crianças e adolescentes*. São Paulo: Summus, 1980. 362 p. (Novas Buscas em Psicoterapia)

OLIVEIRA, Z. de M. R. et al. *Creches: criança, faz-de-conta & cia*. Petrópolis: Vozes, 1992.

OLIVEIRA, P. de S. *Brinquedo e indústria cultural*. Petrópolis: Vozes, 1986.

———. *O que é brinquedo?* São Paulo: Brasiliense, 1984.

———. *Brinquedos artesanais e expressividade cultural*. São Paulo: Biblioteca Científica, série Lazer, n. 4, Sesc, 1982.

OLIVEIRA, V. M. B. (Org.). *O brincar e a criança do nascimento aos seis anos*. Petrópolis: Vozes, 2000.

———. A brincadeira e o desenho da criança de 0 a 6 anos: uma avaliação psicopedagógica. In: BOSSA, N. A. (Org.). *Avaliação psicopedagógica da criança de zero a seis anos*. 2. ed. Petrópolis: Vozes, 1994. p. 21-56.

———. *O símbolo e o brinquedo*. Petrópolis: Vozes, 1994.

OLIVEIRA, Z. L. S. Vigotski: algumas idéias sobre desenvolvimento e jogo infantil. In: *Idéias*, n. 2, São Paulo: FDE, 1988.

OLIVEIRA, Z. de M. R. de (Org.). *Educação infantil: muitos olhares*. São Paulo: Cortez, 1995.

OLIVEIRA-FORMOSINHO, J.; KISHIMOTO, T. M. (Org.). *Formação em contexto: uma estratégia de integração*. São Paulo: Pioneira/Thompson Learning, 2002.

OLIVIER, J. C. *Das brigas aos jogos com regras: enfrentando a indisciplina na escola*. Porto Alegre: Artmed, 2000.

OPIE, I.; OPIE, P. *Children's games in street and playground*. Oxford: Oxford University Press, 1969.

OSBORNE, E. L. et al. *Seu filho de 5 anos: orientação psicológica para os pais*. Rio de Janeiro: Imago, 1969. 107 p. (Mini-Imago)

OTERO, C. C. *Jogos de construção*. [s. l.: s. n.], 2003.

OUTEIRAL, J. O. A criança normal e o brinquedo: um estudo de psicologia evolutiva. In: *Clínica Psicanalítica de Crianças e Adolescentes: desenvolvimento, psicopatologia e tratamento*. Rio de Janeiro: Revinter, 1998. p. 24-39.

PACHECO, E. D. *Comunicação, educação e arte na cultura infanto-juvenil*. São Paulo: Loyola, 1991.

PACHECO, R. J. C. O jogo do "papão". *Folclore*, v. 2, n. 9, p. 6, nov./dez. 1950.

PADILHA, A. R. *Atividades lúdicas: sua importância na alfabetização*. Curitiba: Juruná, 1999.

PAÍN, S. Diagnóstico do problema de aprendizagem: hora do jogo. In: *Diagnóstico e tratamento dos problemas de aprendizagem*. Porto Alegre: Artmed, 1985.

PAIS, N.; SANTOS, L.;VIEGAS, F. (Ed.). *Contextos lúdicos e crianças com necessidades especiais*. Lisboa: Fundação Calouste Gulbenkian/Instituto de Apoio à Criança, 1999. (Cadernos da Atividade Lúdica, 2)

PASCAL, C.; BERTRAM, T. *Desenvolvendo a qualidade em parcerias: nove estudos de caso*. Porto: Ed. Porto, 2000.

PASSARELLI, L. M. G. *Ensinando a escrita*. São Paulo: Cortez, 2004.

PASSOS, A. *Bonecos de Santo Aleixo: as marionetas em Portugal nos séculos XVI a XVIII e a sua influência nos títeres alentejanos*. Évora: CENDREV, [1999].

PELLEGRINI, D. *Os meninos crescem*. Rio de Janeiro: Nova Fronteira, 1986.

PEREIRA, M. F. *O lugar do brincar simbólico no cotidiano da educação infantil*. São Paulo: [s. n.], 2002.

PERINAT, A.; SADURNÍ, M. Vamos brincar de telefonar: jogo simbólico e processos recursivos na interação comunicativa. In: TEBEROSKY, A.; TOLCHINSKY, L. (Dir.). *Substractum: temas fundamentais em psicologia e educação*. Trad. Cláudia Schilling. Porto Alegre: Artmed, 1997. p. 77-103.

PERROTTI, E. A criança e a produção cultural. In: ZILBERMAN, R. *A produção cultural para crianças*. Porto Alegre: Mercado Aberto, 1982.

PETOT, J. M. A descoberta da técnica do brincar e suas conseqüências. In: *Melanie Klein I*. São Paulo: Perspectiva, 1991. p. 79-132.

PETROVA, E.; CHEITANOVA, T.; SLAVOVA, R. *Éducation préscolaire en République Populaire de Bulgarie*. Sofia: Sofia Press, 1979. 68 p.

PHILLIPS, F. J. *Play*. São Paulo: Casa do Psicólogo, 2003.

PIAGET, J. *O juízo moral na criança*. 2. ed. São Paulo: Summus, 1994.

———. *O nascimento da inteligência na criança*. Rio de Janeiro: Zahar, 1982.

———; INHELDER, B. A função semiótica ou simbólica. In: *A psicologia da criança*. Lisboa: Moraes, 1979.

———. *A formação do símbolo na criança: imitação, jogo e sonho, imagem e representação*. 3. ed. Rio de Janeiro: Zahar, 1978.

———. *O julgamento moral na criança*. São Paulo: Mestre Jou, 1977.

———. *A equilibração das estruturas cognitivas*. Rio de Janeiro: Zahar, 1976.

———. *Los años postergados: la primera infancia*. Buenos Aires: Piados/Unicef, 1975.

———; GRÉCO, P. *Aprendizagem e conhecimento*. São Paulo: Freitas Bastos, 1974.

———. *A formação do símbolo na criança: imitação, jogo, sonho, imagem e representação*. Rio de Janeiro: Zahar, 1971.

———. *Desenvolvimento e aprendizagem*. Tradução de: Piaget rediscovered. A report of the conference on cognitive studies and curriculum development – Part I. [s. l.: s. n.], 1964.

PIAGET, J.; LORENZ, K.; ERIKSON, E. *Juego y desarrollo*. Barcelona: Grijalbo, 1982.

PIMENTA, A. C. *Sonhar, brincar, criar, interpretar*. São Paulo: Ática, 1986. 80 p.

PIMENTEL, A. F. *Os meus brinquedos: livro para crianças*. 4. ed. Rio de Janeiro: Quaresma, 1958. 286 p.

———. *Cantigas das crianças e do povo: danças populares*. Rio de Janeiro: [s. n.], 1919.

PIMENTEL, F.; RABELO, V. *268 jogos infantis*. Belo Horizonte/Rio de Janeiro: Villa Rica, 1991.

PINTO, A. de M. *Cantigas das crianças e do povo: danças populares*. Rio de Janeiro: [s. n.], 1916.

———. *Os nossos brinquedos: contribuição para o folclore brasileiro*. Lisboa: A Editora, 1909. 303 p. il. (Icks, série B)

PIRINA, M. Comunicazione tra bambini dai 12 ai 18 mesi: un approccio pragmatico. In: MUSATTI, T.; MANTOVANI, S. (Orgs.). *Bambini al nido: gioco, comunicazione e rapporti affettivi*. Bergamo: Juvenilia, 1987. p. 69-79. (La Ricerca in Asilo-Nido, 2)

PISANO, J. C. *Manual de juegos para jóvenes y no tan jóvenes*. Buenos Aires: Bonum, 1990.

PITCHER, E. G.; SCHULTZ, L. H. *Boys and girls at play: the development of sex roles*. New York: Bergin & Garvey, 1983. 207 p.

POLLARD, A. (Org.). *Children and their primary schools: a new perspective*. London: Falmer Press, 1987. 259 p.

PORTO, C. L. Brinquedo e brincadeira na brinquedoteca. In: KRAMER, S.; LEITE, M. I. (Org.). *Infância e produção cultural*. Campinas: Papirus, 1998. p. 171-198.

PRESCHOOL Playgroups Association. *Diploma in playgroup practice*. London: PPA, 1992. 30 p.

———. *Guidelines: good practice for parent and toddler playgroups*. London: PPA, 1990. 74 p.

———. *Guidelines: good practice for sessional playgroups*. London: PPA, 1989. 79 p.

PREZOTTO, E. *Brincadeiras infantis e adultas: da América portuguesa até o final do século XIX*. Campinas: [s. n.], 1999.

PRISK, T. Letting them get on with it: a study of unsupervised group talk in an infant school. In: POLLARD, A. (Org.). *Children and their primary schools: a new perspective*. London: Falmer Press, 1987. p. 88-102.

PROJETO Belgrado. OMEP. *Play and culture*. OMEP Seminar. Oslo, 1987.

———. OMEP dos jogos tradicionais. *Traditional games and children of today*. Belgrado, 1986.

RAABE, J. Os jogos e a sociedade. *Correio da Unesco*, mar. 1980.

RABELO, V. *Jogos infantis na escola moderna*. Belo Horizonte: Itatiaia, 1998.

RAMOS, T. El juego. *Revista Infancia: Revista de La Asociación de Maestros Rosa Sensat*, Barcelona, v. 77, n. 4-10, enero/feb. 2003.

RAMSEY, P. G. Multicultural education in early childhood. In: BROWN, J. F. (Org.). *Curriculum planning for young children*. Washington: NAEYC, 1985. p. 131-142.

RANKIN, B. et al. Outro modo de ver as coisas: ainda estamos aprendendo. In: EDWARDS, C.; GANDINI, L.; FORMAN, G. (Org.). *Cem linguagens da criança: a abordagem da Reggio Emilia na educação da primeira infância*. Porto Alegre: Artmed, 1995. p. 269-281.

RANKIN, B. Desenvolvimento do currículo em Reggio Emilia: um projeto de currículo de longo prazo sobre dinossauros. In: EDWARDS, C.; GANDINI, L.; FORMAN, G. (Org.). *Cem linguagens da criança: a abordagem da Reggio Emilia na educação da primeira infância*. Porto Alegre: Artmed, 1995. p. 195-216.

REALE, E. *Brás, Pinheiros, Jardins: três bairros, três mundos*. São Paulo: Edusp, 1982.

REBEYROL, N. Toucher. In: CENTRE Georges Pompidou. *Vos jeux... des lignes, des formes, des couleurs*. Paris: Centre Georges Pompidou, 1991. p. 50-51. (Atelier des Enfants)

RECASENS, M. *Como jogar com a linguagem*. Lisboa: Plátano, [s. d.].

RENNÓ, R. C. *Você pode escolher: o lúdico no conhecimento do ser*. São Paulo: Ed. do Brasil, 1999.

RETSCHITZKI, J. et al. Étude cognitive et genétique des styles de jeu et des stratégies des jouers d'awélé. *Archives de Psychologie*, Genève, n. 54, p. 307-340, 1986.

REZENDE, A. de G. Nossos avós contavam e cantavam: ensaios folclóricos e tradições brasileiras. In: *Tradições populares — Brasil*. Belo Horizonte: Sion, 1968. 188 p. il.

RHODIA. *Criança brinca, não brinca?* São Paulo: Rhodia, 1979.

———. *O caderno de São Paulo*. São Paulo: Rhodia, [s. d.].

RIBEIRO, D. P. da C. *Brinquedos cantados*. Rio de Janeiro: Sesi, 1974.

———. *Coletânea de brinquedos cantados*. Rio de Janeiro: Universidade do Brasil, 1960.

RIBEIRO, M. M. *Saber brincar*. Belo Horizonte: Dimensão, 1997.

RIBEIRO, P. S.; SANCHONETE, R. F. *Brincadeiras infantis: origem e desenvolvimento – sugestões didáticas*. 2. ed. Porto Alegre: Sulina, 1990.

RICE, Chris; RICE, Melanie. *As crianças na história: modos de vida em diferentes épocas e lugares*. 2. ed. São Paulo: Ática, 1999.

RIDDICK, B. *Toys and play for the handicapped child*. New York: Routledge, 1982.

RIGHT from the start; nursery education: policy and practice. London: Assistant Masters and Mistresses Association, 1991. 48 p.

RIGOL, P. N. *El ocio y las edades: estilo de vida y oferta lúdica*. Barcelona: Hacer, 1993.

RINALDI, C. Currículo emergente e o construtivismo social. In: EDWARDS, C.; GANDINI, L.; FORMAN, G. (Org.). *Cem linguagens da criança: a abordagem da Reggio Emilia na educação da primeira infância*. Porto Alegre: Artmed, 1995. p. 113-122.

RIXON, S. *How to use games in language teaching*. London: Macmillan, 1985.

RIZZI, L.; HAYDT, R. C. *Atividades lúdicas na educação de crianças*. São Paulo: Ática, 1986.

RIZZO, G. *Jogos inteligentes: a construção do raciocínio na escola natural*. Rio de Janeiro: Bertrand do Brasil, 1996.

ROCHA, M. S. P. M. L. da. O real e o imaginário no faz-de-conta: questões sobre o brincar no contexto da pré-escola. In: GOÈS, M. C. R. de et al. *A significação nos espaços educacionais*. Campinas: Papirus, 1997. p. 63-86.

ROCKWELL, R.; WILLIAMS, R.; SHERWOOD, E. *Todos têm um corpo: ciências da cabeça aos pés*. Lisboa: Instituto Piaget, [s. d.].

RODARI, G. *Gramática da fantasia*. São Paulo: Summus, 1982.

RODRIGUES, A. A. *Rodas, brincadeiras e costumes*. Rio de Janeiro: Funarte/Pró-memória/MEC, 1976.

RODRIGUES, M. *O desenvolvimento pré-escolar e o jogo*. São Paulo: Ícone, 1992.

RODRIGUES, R. P. (Org.). *Brincalhão: uma brinquedoteca itinerante*. Petrópolis: Vozes, 2000.

RODULFO, R. *O brincar e o significante: um estudo psicanalítico sobre a constituição precoce*. Porto Alegre: Artmed, 1990.

ROLIM, L. C. *Educação e lazer*. São Paulo: Ática, 1989.

ROSA, S. S. da. *Brincar, conhecer, ensinar*. São Paulo: Cortez, 2002.

ROSAMILHA, N. *Psicologia do jogo e aprendizagem infantil*. São Paulo: Pioneira, 1979.

ROSENBLUTH, D. et al. *Seu filho de 3 anos: orientação psicológica para os pais*. Rio de Janeiro: Imago, 1969. 111 p. (Mini-imago)

ROSSETTI-FERREIRA, M. C. *Rede de significações e o estudo do desenvolvimento humano*. Porto Alegre: Artmed, 2004. 232 p.

ROUCO, J. J. M. *A estratégia lúdica: jogos didáticos para a formação de gestores em voluntariado empresarial*. São Paulo: Peirópolis, 2003.

ROZA, E. S. *Quando brincar é dizer: a experiência psicanalítica na infância*. Rio de

Janeiro: Contracapa, 1999.

———. Agora eu era o herói: o brincar na teoria psicanalítica. In: ———; REIS, E. S. *Da análise da infância ao infantil na análise*. Rio de Janeiro: Contracapa, 1997.

———. Um desafio às regras do jogo: o brincar como proposta de redefinição do tratamento da criança hospitalizada. In: ———; REIS, E. S. *Da análise da infância ao infantil na análise*. Rio de Janeiro: Contracapa, 1997.

RUSSEL; B. *O elogio ao ócio*. Rio de Janeiro: Sextante, 2002.

RYKEN, D. *Young children in group day care: draft guidelines for good practice – a consultant document*. London: National Children's Bureau, 1990. 87 p.

SÁ, E. *Psicologia dos pais e do brincar*. 2. ed. Lisboa: Fim de Século, 1995.

SAATMANN, L. *Deixai-os brincar!* São Paulo: Paulinas, 1956.

SABINO, F. A vitória da infância. In: *Criança brinca, não brinca?: antologia de contos*. São Paulo: Rhodia, [s. d.]. p. 13-20.

SANDRONI, L. C.; MACHADO, L. R. *Criança e o livro: guia prático de estímulo à leitura*. São Paulo: Ática, 1987. 144 p. (Educação em Ação)

SANTA ROSA, N. S. *Brinquedos e brincadeiras*. São Paulo: Moderna, 2001. (Artes e Raízes)

SANTOS, A. *Aspectos psicopedagógicos da atividade lúdica*. Lisboa: Instituto de Apoio à Criança, 1991. (Cadernos IAC, 3)

SANTOS, L.; JORGE, A.; ANTUNES, I. (Ed.). *Comentários à carta da criança hospitalizada*. Lisboa: Instituto de Apoio à Criança, 2000.

SANTOS, S. M. P. dos. *Brinquedo e infância: um guia para pais e educadores em creches*. 3. ed. Petrópolis: Vozes, 2001.

———. (Org.). *Brinquedoteca: a criança, o adulto e o lúdico*. Petrópolis: Vozes, 2001.

———. *Brinquedoteca: o lúdico em diferentes contextos*. Petrópolis: Vozes, 1997.

———. (Org.). *O lúdico na formação do educador*. Petrópolis: Vozes, 1997.

———. *Brinquedoteca: sucata vira brinquedo*. Porto Alegre: Artmed, 1995.

SANTOS, V. L. B. *Brincadeira e conhecimento: do faz-de-conta à representação teatral*. Porto Alegre: Mediação, 2002. (Educação e Arte, 1)

SARACHO, O.; SPODEK, B. *Ensinando crianças de três a oito anos*. Porto Alegre: Artmed, 1998.

SARTI, H. L. C. *O brincar na prática pedagógica e no referencial curricular nacional para a educação infantil*. São Paulo: [s. n.], 2002.

SCARPA, R. *Era assim, agora não: uma proposta de formação de professores leigos*. São Paulo: Casa do Psicólogo, 1998.

SCHICKEDANZ, J. A. Hey! This book's not working right. In: BROWN, J. F. (Org.). *Curriculum planning for young children*. Washington: NAEYC, 1985. p. 69-78.

SCHILLER, F. *A educação estética do homem*. São Paulo: Iluminuras, 1995.

SCHILLER, P.; ROSSANO, J. *100 coisas maravilhosas para manter as crianças ocupa-*

das e diverti-las. São Paulo: Paulus, 1997.

SCHWARTZ, G. M. *Dinâmica lúdica: novos olhares*. Barueri: Manole, 2004.

SCHWARTZMAN, H. B. *Transformations: the antropology of children's play*. New York: Plenum, 1978. 380 p.

SCHWEBEL, M.; RAPH, J. *Piaget à l'école*. Paris: Denöel/Gonthier, 1976. (USA, Basic Books, 1973)

SENTELHAS, M. S. B. *O jogo do alvo na educação infantil: um estudo de numeração*. São Paulo: Educ, 2004.

SERVIÇO Social do Comércio, Conselho Regional no Estado de São Paulo. *Brinquedos tradicionais brasileiros*. [Texto sociológico, Paulo de Salles Oliveira; versão para o inglês, Carolina Regina Fredericks de Souza]. São Paulo: Sesc, 1983.

SESC, Fábrica Pompéia. *Mil brinquedos para a criança brasileira: uma exposição do Centro de Lazer*. São Paulo: Sesc/Museu de Arte de São Paulo Assis Chateaubriand, 1982.

SESSO, Jr., Geraldo. *Retalhos da velha São Paulo*. 2. ed. [s. l: s. n.], 1986.

SHERIDAN, M. D. *Brincadeiras espontâneas na primeira infância: do nascimento aos seis anos*. São Paulo: Manole, 1990.

SIAULYS, M. O. de C. *Brincar para todos*. São Paulo: Laramara, 2005.

———. *Aprendendo junto com papai e mamãe*. São Paulo: Laramara, [s. d.].

———. *Papai e mamãe, vamos brincar?* São Paulo: Laramara, [s. d.].

———. *Papai e mamãe, ajudem-me, por favor!* São Paulo: Laramara, [s. d.].

SILVA, B. E. da. *História e tradições da cidade de São Paulo*. Rio de Janeiro: J. Olympio, 1954. v. 3.

SILVA, M. A. S. S. et al. *Memória e brincadeiras na cidade de São Paulo nas primeiras décadas do séc. XX*. São Paulo: Cortez/Cenpec, 1989. (Biblioteca da Educação, série 1, escola, v. 7)

SILVA, N. P. *Recreação, jogos, diversões, passatempos, anedotas*. São Paulo: Brasil Ed., 1970.

SINCLAIR, H. Piaget et l'acquisition du savoir: recherches récentes du groupe de Genève. In: SCHWEBEL, M.; RAPH, J. *Piaget à l'école*. Paris: Denöel/Gonthier, 1976.

SINKER, M. et al. *Children's concept of play*. Sweden: WRP International, 1993. (Women Researchers in Play and Disability).

SKEEN, P.; MCKENRY, P. C. Teacher's role in facilitating a child's adjustment to divorce. In: BROWN, J. F. (Org.). *Curriculum planning for young children*. Washington: NAEYC, 1985. p. 228-237.

SLADE, P. *O jogo dramático infantil*. São Paulo: Summus, 1978.

SMITH, C. A. Pupperty and problem-solving skills. In: BROWN, J. F. (Org.). *Curriculum planning for young children*. Washington: NAEYC, 1985. p. 213-220.

SMITH, P. K.; CONNOLY, K. Patterns of play and social interaction in preschool children. In: JONES, N. B. (Org.). *Ethological studies of child behaviour*. London: Cambridge University Press, 1972. p. 65-95.

SMITH, R. F. Early childhood science education: a piagetian perspective. In: BROWN, J. F. (Org.). *Curriculum planning for young children.* Washington: NAEYC, 1985. p. 143-150.

SOLÉ, M. B. *O jogo infantil: organização de ludotecas.* Lisboa: Instituto de Apoio à Criança, [s. d.]

SOUSA, C. P. de (Org.). *História da educação: processos, práticas e saberes.* São Paulo: Escrituras, 1998. 138 p.

SOUZA, R. P. (Coord.). Brinquedos. In: *Nossos filhos: a eterna preocupação.* Porto Alegre: Globo, 1978.

SOUZA, S. J. Re-significando a psicologia do desenvolvimento: uma contribuição crítica à pesquisa da infância. In: KRAMER, S.; LEITE, M. I. F. P. (Org.). *Infância: fios e desafios da pesquisa.* Campinas: Papirus, 1997. p. 39-55. (Prática Pedagógica)

SPAGGARI, S. Parcela comunidade-professor na administração. In: EDWARDS, C.; GANDINI, L.; FORMAN, G. (Org.). *Cem linguagens da criança: a abordagem da Reggio Emilia na educação da primeira infância.* Porto Alegre: Artmed, 1995. p. 105-112.

SPODEK, B.; SARACHO, O. N. *A aprendizagem por meio da brincadeira: ensinando crianças de três a oito anos.* Porto Alegre: Artmed, 1998. p. 209-229.

———; DAVIS, M. D. *Foundations of early childhood education: teaching three, four, and five-year-old children.* New Jersey: Prentice-Hall, 1987. 334 p.

STALLIBRASS, A. *A criança autoconfiante.* Trad. Claudia Berliner. São Paulo: Martins Fontes, 1992. (Título original: The self-respecting child)

STALMACK, J. E. S. W. A. P. Strategies witch affect programs: a framework for staff development. In: BROWN, J. F. (Org.). *Curriculum planning for young children.* Washington: NAEYC, 1985. p. 246-254.

STANT, M. A. *Criança de 2 a 5 anos: atividades e materiais.* Rio de Janeiro: Francisco Alves, 1988. 216 p.

———. *Young child: his activities and materials.* New Jersey: Prentice-Hall, 1972. 141 p.

STEINBERG, S.; KINCHELOE, J. (Org.). *Cultura infantil: a construção corporativa da infância.* Rio de Janeiro: Civilização Brasileira, 2001.

STEVENS, J. *Tornar-se presente: experimentos de crescimento em gestalt-terapia.* São Paulo: Summus, 1977.

STIPEK, D. J. Work habits begin in preschool. In: BROWN, J. F. (Org.). *Curriculum planning for young children.* Washington: NAEYC, 1985. p. 205-212.

STOPPA, E. A. *Acampamento de férias.* Campinas: Papirus, 1999.

SUTTON-SMITH, B. *Toys as culture.* New York/London: Gardner Press, 1986.

———. *The masks of play.* New York: Leisure, 1984.

TAVARES, R. M. M. *Brinquedos e brincadeiras: patrimônio cultural da humanidade.*

Campinas: Pontes/Unesco, 2004.

TELLES, L. F. Negra jogada amarela. In: *Criança brinca, não brinca?: antologia de contos*. São Paulo: Rhodia, [s. d.], p. 21-30.

TOSA, M. *Bambole: la collezioni*. Milano: Frabri Rizzoli Grande Opera, 1993.

———. *Effetto bambola: storia, técnica, collezionismo*. 2. ed. Milano: Idealibri, 1992.

TRIFU A. Une definition du jeu. In: *Archives de Psychologie*, Genève, n. 54, p. 227-244, 1986.

UNESCO. *Jogos e brincadeiras para fazer e brincar*. São Paulo: Textonovo/Centro de Cultura Asiática da Unesco, 1999.

———. El juego en la educación (I), juego y desarrollo cognoscitivo. In: *Perspectivas*, Unesco, 1986, v. 16, n. 1.

———. El juego en la educación (II), actitudes y tendencias. In: *Perspectivas*, Unesco, 1986, v. 16, n. 4.

UNICEF. *Jogos do mundo*. [s. l., s. d.].

VALEROS, J. *El jugar del analista*. Buenos Aires: Fondo de Cultura Económica, 1997. (Colección de Psicología)

VALLARDI, A. *Guide Miller di antiquariato: bambole*. Hong Kong: Garzanti, 1993.

VECCHI, V. Papel do atelierista. In: EDWARDS, C.; GANDINI, L.; FORMAN, G. (Org.). *Cem linguagens da criança: a abordagem da Reggio Emilia na educação da primeira infância*. Porto Alegre: Artmed, 1995. p. 129-141.

VIAL, J. *Jeu et éducation: les ludothèques*. Paris: Presses Universitaires de France, 1981.

VICENTE, E. de A. C. R. *Jogar e brincar: por que não usar? – uma reflexão a respeito do trabalho lúdico na educação*. São Paulo: [s. n.], 2003.

VIDART, D. *El juego y la condición humana*. Montevideo: Ed. de la Banda Oriental, 1995.

VÍDEO Professor da Pré-escola – programa n. 1 referente ao brincar, [s. d.]

VILLA, G.; MÜLLER, M. *Manual de juegos: para los más pequeños (de 6 meses a 6 anos)*. Buenos Aires: Bonum, 1986.

VITELLESCHI, S. G. *Aprender jugando desde las actitudes sociales*. Buenos Aires: Bonum, 1993.

VOYAT, G. Le dévelopement des opérations: une question théorique et pratique. In: SCHWEBEL, M.; RAPH, J. *Piaget à l'école*. Paris: Denöel/Gonthier, 1976.

VYGOTSKY, L. S. O papel do brinquedo no desenvolvimento. In: *A formação social da mente*. 4. ed. São Paulo: Martins Fontes, 1991.

———. et al. *Linguagem, desenvolvimento e aprendizagem*. Trad. Maria da Penha Villalobos. São Paulo: Ícone/USP, 1988.

———. *El desarrollo de los procesos psicológicos superiores*. Barcelona: Grijalbo, 1988.

———. Prólogo a la traducción rusa del libro de K. Buffer. Ensayo sobre el desarrollo espiritual del niño. In: *La psicología evolutiva y pedagógica en la URSS*. Moscú: Progreso, 1987. (Antología)

———. *A formação social da mente*. 1. ed. São Paulo: Martins Fontes, 1984.

———. *Pensamento e linguagem*. Lisboa: Antídoto, 1979.

WAICHMAN, P. *Tempo livre e recreação*. São Paulo: Papirus, 1997.

WAJSKOP, G. *Brincar na pré-escola*. São Paulo: Cortez, 1995. (Questões da Nossa Época, v. 48)

WALLON, H. *Do acto ao pensamento*. Lisboa: Portugália, 1966.

WALSH, M. H. In: *Poesia latinoamericana contemporanea*. [s. l.]: Círculo del Buen Lector, 1991.

WASSERMANN, S. *Brincadeiras sérias na escola primária*. Lisboa: Instituto Piaget, [s. d.].

WEISS, L. *Brinquedos e engenhocas: atividades lúdicas com sucata*. São Paulo: Scipione, 1989.

WICKENS, D. La théorie de Piaget: modèle de système ouvert d'enseignement. In: SCHWEBEL, M.; RAPH, J. *Piaget à l'école*. Paris: Denöel/Gonthier, 1976.

WIERTSEMA, H. *Cem jogos de movimento*. Porto: Asa, 1999. (Práticas Pedagógicas)

WIGGERS, V. *Educação infantil no projeto educacional-pedagógico municipal*. São Paulo: Verena Wiggers, 2000. 147 p.

WILLIAMSON, P. M. Literature goals and activities for young children. In: BROWN, J. F. (Org.). *Curriculum planning for young children*. Washington: NAEYC, 1985. p. 102-108.

WILLIANS, A. *Temas proibidos: ações estratégicas para grupos*. São Paulo: Ágora, 1998.

WILLIS, A.; RICCIUTI, H. N. *Good beginning for babies: guide-lines for group care*. Washington: NAEYC, 1981. 194 p.

WINNICOTT, D.W. *A criança e o seu mundo*. 6. ed. Rio de Janeiro: Zahar, 1985.

———. *O brincar e a realidade*. Rio de Janeiro: Imago, 1975.

WISWELL, P. *Kid's games*. New York: Doubleday & Company Inc., 1987.

YOZO, R.Y. *100 jogos para grupos*. São Paulo: Ágora, 1996.

YVORRA, V. École et le jeu. A quoi sert le jeu. Les jeux dits éducatifs. In: CENTRE Georges Pompidou. *Vos jeux... des lignes, des formes, des couleurs*. Paris: Centre Georges Pompidou, 1991. p. 15. (Atelier des Enfants)

ZABALZA, M.A. *Áreas, medios y evaluación en la educación infantil*. Madrid: Narcea, 1987. 302 p. (Primeros Años)

ZASLAVSKY, C. *Jogos e atividades matemáticas do mundo inteiro: diversão multicultural para idades de 8 a 12 anos*. Porto Alegre: Artmed, 2000.

■ Teses, pesquisas e trabalhos acadêmicos

ABREU, A. R. *Jogo de regra no contexto escolar: uma análise na perspectiva construtivista*. 1993. 144 p. Dissertação (Mestrado) – Instituto de Psicologia, USP, São Paulo.

AFLALO, M. C. *O brinquedo interessa a muita gente*. 1988. Dissertação (Mestrado) – PUC, São Paulo.

AGUIAR, C. M. *Educação, natureza e cultura: um modo de ensinar*. 1998. 206 p. Tese (Doutorado) – Faculdade de Educação, USP, São Paulo.

AGUIAR, J. S. *Elaboração e avaliação de um programa de jogos recreativos infantis para o ensino de conceitos*. 1996. Dissertação (Mestrado), Unicamp, Campinas.

AGUIAR, M. *Uma idéia para o laboratório de matemática*. 1999. 210 p. Dissertação (Mestrado), [s. l.], São Paulo.

ALLEBRANDT, L. *A construção oral dos jogos de interlocução e dramáticos em pré-escolares*. 1991. Dissertação, UFSC, Santa Catarina.

ALMEIDA, C. J. *Jogos de papéis: um estudo sobre o jogo de faz-de-conta na criança com deficiência mental*. 1995. Dissertação (Mestrado) – UFSCAR, São Carlos (SP).

ALMEIDA, E. de. *Criança e a invenção de seu espaço*. 1985. 162 p. Dissertação (Mestrado) – Faculdade de Arquitetura e Urbanismo, USP, São Paulo.

ALMEIDA, E. P. S. *Escultura lúdica e o cenário de brincar: trajetória poética de uma experiência intervindo no urbano com as sucatas que a cidade abandona*. 1993. 151 p. Tese (Doutorado), São Paulo.

ALMEIDA, F. de A. *Brinquedo terapêutico como intervenção de enfermagem para a criança cardíaca na unidade de recuperação pós-operatória*. 1996. 115 p. Dissertação (Mestrado em Enfermagem), USP, São Paulo.

ALVES, A. C. *Brincadeira prometida. O jogo teatral e os folhetos populares*. 1992. 190 p. Dissertação (Mestrado) – Escola de Comunicações e Artes, USP, São Paulo.

ALVES, E. M. S. *Atividades lúdicas no ensino da matemática: a democratização de uma experiência*. 1996. Dissertação (Mestrado) – Universidade Federal de Sergipe, Programa de Pós-graduação, Núcleo de Pós-Graduação em Educação, Aracaju. (Orientadora: Ilka Dias Bichara)

ALVES, P. B. et al. Brinquedo e atividades cotidianas de crianças em situação de rua: um estudo observacional em Porto Alegre. In: SALÃO de Iniciação Científica, 9, Feira de Iniciação Científica, 6. 1997. Porto Alegre. Livro de resumos. Porto Alegre: UFRGS, 1997. p. 345.

AMBRA, K. *Preparando-se para o futuro. As regras elaboradas por crianças de 6 anos de idade durante brincadeira de faz-de-conta de escolinha*. 2005. Dissertação (Mestrado) – PUC, São Paulo.

ANDRADE, C. M. R. J. de. *Em busca do tesouro: um estudo sobre o brincar na creche*. 1991. 185 p. Dissertação (Mestrado em Psicologia da Educação), PUC, São Paulo.

ANTUNES, C. A. de A. *Corpo lúdico: sua utilização na psicoterapia infantil de orientação junguiana*. 1986. Instituto de Psicologia, USP, São Paulo.

APPOLINARIO, Daniele. *Pirlimpimpim: por onde perpassa o imaginário na educação infantil.* 2001. Trabalho de Conclusão de Curso (graduação) – Faculdade de Educação, Unicamp, Campinas. (Orientadora: Ana Lucia Goulart de Faria)

ARANA, M. V. M. de. *Reinvenções do lúdico: jogos eletrônicos, infância e cultura – um estudo exploratório.* 1996. 120 p. (mais vídeo). Dissertação (Mestrado) – Escola de Comunicação e Artes, USP, São Paulo.

ARANTES, V. J. *Ação psicodramática em sala de aula.* 1993. Tese (Doutorado) – Faculdade de Educação, Unicamp, Campinas. (Orientador: Carlos Alberto Vidal França)

ARAUJO, V. C. de. *Crianças: do reino da necessidade ao reino da liberdade.* Vitória: Edufes, ca. 1996.

ARRUDA, S. L. S. *Grupo de encontro de mães: vivências clínicas do seu funcionamento em um ambulatório de saúde mental infantil.* 1989. Dissertação (Mestrado) – Faculdade de Ciências Médicas, Unicamp, Campinas. (Orientador: Miguel de la Puente).

———. *Vivências clínicas de um grupo de mães, cujos filhos estão em ludoterapia.* 1991. Tese (Doutorado) – Faculdade de Ciências Médicas, Unicamp, Campinas (Orientadores: Roosevelt Moisés Smeke Cassorla; Miguel de la Puente)

AZEVEDO, M. V. R. de. *Influência dos jogos e materiais pedagógicos na construção dos conceitos em matemática.* 1993. 175 p. Dissertação (Mestrado) – Faculdade de Educação, USP, São Paulo.

AZEVEDO, T. M. C. de. *Brinquedos e gênero na educação infantil: um estudo de tipo etnográfico no estado do Rio de Janeiro.* 2003. Tese (Doutorado) – Faculdade de Educação, USP, São Paulo.

BACCHERETI, S. F. *Importância dos jogos e das brincadeiras tradicionais: uma escola de educação infantil no município de São Paulo.* 1998. Dissertação (Mestrado em Educação) – Universidade Presbiteriana Mackenzie, São Paulo.

BARBOSA, S. N. F. *Nas tramas do cotidiano: adultos e crianças construindo a educação infantil.* 2005. Dissertação (Mestrado) – Programa de Pós-graduação em Educação, PUC, Rio de Janeiro.

BARCELLOS, M. A. *Centro lúdico e artístico em situação de lazer em proposta de educação não formal para crianças de periferia enquanto resgate de valores culturais e socialização: recuperação crítica do projeto piloto do jardim três corações.* 1983, 2 v. Dissertação (Mestrado) – Escola de Comunicações e Artes, USP, São Paulo.

BARRETO, H. M. P. *O negro em Sergipe.* Aracaju: Universidade Federal de Sergipe/Museu de Antropologia, 1995.

BARRETOS, L. G. *Cada coisa na sua hora: o brincar na pré-escola e o referencial curricular nacional de educação infantil.* 2003. Trabalho de Conclusão de Curso (graduação) – Faculdade de Educação, Unicamp, Campinas. (Orientadora: Ana Lucia Goulart de Faria)

BARRETO, M. de L. M. *Interação social e desenvolvimento cognitivo: um estudo com crianças em jogos em grupo e atividades.* Campinas: Unicamp, 1996.

BATISTA, C. G. *Mães e crianças brincando: um estudo de influências recíprocas.* 1989. 201 p. Tese (Doutorado) – Instituto de Psicologia, USP, São Paulo.

BENEVENTO, M. M. *Espaço de relacionamento: a presença do lúdico nas atividades de recreação*. 1999. 225 p. Dissertação (Mestrado), São Paulo.

BERALDO, K. E. A. *Gênero de brincadeiras na percepção de crianças de 5 a 10 anos*. 1993. 125 p. Dissertação (Mestrado) – Instituto de Psicologia, USP, São Paulo.

BICHARA, I. D. *Um estudo etológico da brincadeira de faz-de-conta em crianças de três a sete anos*. 1994. Tese (Doutorado) – Instituto de Psicologia, USP, São Paulo (não-publicada).

BOMTEMPO, E. *Brinquedos: critérios de classificação e análise*. Cadernos EDM, São Paulo, v. 2, n. 2, jun. 1990. (Feusp)

———. *Brincando se aprende: uma trajetória de produção científica*. 1997. 174 p. Tese (Livre-docência) – Instituto de Psicologia, USP, São Paulo.

———. *Efeito da repetição e da mudança de estímulos em comportamento de crianças*. 1970. Dissertação (Mestrado) – Instituto de Psicologia, USP, São Paulo.

BONAMIGO E. M. R.; EIZIRIK, M. F. *A importância do brincar para a educação: por uma psicologia social da infância*. Porto Alegre: UFRGS/Faculdade de Educação, 1990. (Relatório de Pesquisa)

BRENELLI, R. P. *Observáveis e coordenações em um jogo de regras: influência do nível operatório e interação social*. 1986. Dissertação (Mestrado) – Faculdade de Educação, Unicamp, Campinas.

BRUHNS, H. T. *Introdução aos estudos do lazer*. Campinas: Unicamp, 1997.

CALIL, R. C. C. *Discussão dos principais livros-textos que influenciaram a prática clínica dos grupos de psicoterapia de criança no setor de saúde mental infantil da Unicamp*. 1996. Dissertação (Mestrado) – Faculdade de Ciências Médicas, Unicamp, Campinas. (Orientador: Sergio Luiz Saboya Arruda)

CAMARGO, E. P. de. *Brinquedo: um caminho para a educação no museu*. 1999. 143 p. Dissertação (Mestrado), Faculdade de Arquitetura e Urbanismo, USP, São Paulo.

CARVALHO, M. I. C. de. *Arranjo espacial e distribuição de crianças de 2 a 3 anos pela área de atividades livres em creches*. 1990. Tese (Doutorado) – Instituto de Psicologia, USP, São Paulo.

CAMPOS, M. C. R. O possível e o necessário como eixo da construção do real vistos na situação de um jogo. *Psicopedagogia*, São Paulo, v. 12, n. 26, p. 16-20, set. 1993.

CARNEIRO, M. A. B. *Jogando, descobrindo, aprendendo (depoimentos de professores e alunos do terceiro grau)*. 1990. 197 p. (mais anexos). Tese (Doutorado) – Escola de Comunicações e Artes, USP, São Paulo.

CARRACEDO, V. A. *Jogo carimbador: esquemas de resolução e importância educacional*. 1998. 92 p. Dissertação (Mestrado) – Escola de Educação Física e Esporte, USP, São Paulo.

CARVALHO, A. M. A. *Seletividade e vínculo na interação entre crianças*. 1992. 97 p. Tese (Livre-docência) – Instituto de Psicologia, USP, São Paulo.

CARVALHO, L. M. de M. *Importância da brincadeira no desenvolvimento infantil segundo professores de pré-escolas (Teresina – PI)*. 1999. 174 p. Dissertação (Mestrado) – PUC, São Paulo.

CARVALHO, R. M. L. L. *Ludoterapia psicanalítica com crianças e adolescentes institucionalizados*. 1992. Tese (Doutorado) – Faculdade de Ciências Médicas, Unicamp, Campinas. (Orientador: Roosevelt M. S. Cassorla)

CARVALHO, T. L. de. *Amanhã pode trazer brinquedo?: sexta feira, o dia do brinquedo de casa em um Cemei de Campinas*. 2004. Trabalho de Conclusão de Curso (graduação) – Faculdade de Educação, Unicamp, Campinas. (Orientadora: Ana Lucia Goulart de Faria)

CAVICCHIA, D. de C. *Zero a três: crescer e desenvolver brincando na creche*. Universidade Estadual Paulista Júlio de Mesquita Filho, Araraquara, Unesp, 1990.

CHAPARIM, F. C. A. S. *Brincadeiras de corda: resgate da cultura infantil*. 1991. Trabalho de Conclusão de Curso (graduação) – Faculdade de Educação Física, Unicamp, Campinas. (Orientadora: Elizabeth Paoliello Machado de Souza)

CHISITE, L. S. *Educação não-formal: uma análise das práticas educacionais voltadas para a criança sem infância de uma instituição pública*. Projeto Sol João Aranha. Paulínia, SP. 1997. Trabalho de Conclusão de Curso (graduação) – Faculdade de Educação, Unicamp, Campinas. (Orientadora: Olga Rodrigues de Moraes von Simson)

CONTI, L. *O brinquedo em casa e na escola: a bi-direcionalidade da transmissão cultural*. 1996. Dissertação (Mestrado) – Instituto de Psicologia, UFRGS, Porto Alegre.

CONTINI, A. P. N. *Criança de um ano e seu modo de interagir e de brincar com dois parceiros diferenciados*. Pontifícia Universidade Católica de São Paulo. Fonoaudiologia, pré-escola e jogo infantil. São Paulo: PUC-SP, 1993. p. 18.

COPIT, M. S. *Atitudes verbalizadas de meninos e meninas frente ao brinquedo*. 1970. 78 p. (mais anexos). Dissertação (Mestrado), São Paulo.

COSTA, E. E. M. *Jogo com regras e a construção do pensamento operatório: um estudo com crianças pré-escolares*. 1991. 230 p. Tese (Doutorado) – Instituto de Psicologia, USP, São Paulo.

COSTA, L. E. de O. *O conceito de jogo e a legitimação da arte contemporânea*. 1994. Dissertação (Mestrado) – Instituto de Artes, UFRGS, Porto Alegre. (Orientador: Álvaro M. Valls)

COTONHOTO, L. A. *Concepções de professores de pré-escola sobre o brincar: elaboração de um conceito*. 2001. 100 p. Dissertação (Mestrado), PUC, Campinas.

D'ANGELO, F. L. *Cooperação e autonomia: jogando em grupo é que se aprende*. Campinas: [s. n.], 2001.

DAUDT, P.; SPERB, T. M.; GOMES, W. B. As concepções das crianças sobre o brincar. *Psicologia: reflexão e crítica*, Porto Alegre, v. 5, n. 2, p. 91-98, 1992.

DEBORTOLI, J. A. O. *Infâncias na creche: corpo e memória nas práticas e nos discursos da educação infantil: um estudo de caso em Belo Horizonte*. 2004. Tese (Doutorado) – Programa de Pós-graduação em Educação, PUC, Rio de Janeiro.

DEL RÉ, A. *Compreensão e produção de metáforas por crianças pré-escolares: relato de uma experiência*. 1998. 179 p. (mais anexo). Dissertação (Mestrado) – Faculdade de Educação, USP, São Paulo.

DINIZ, G. J. R. *Fontes de criatividade no psicodrama pedagógico e nos jogos dramáticos*. 1999. 233 p. Tese (Doutorado) – Escola de Comunicações e Artes, USP, São Paulo.

DOHME, V. D. *Atividades lúdicas na educação: o caminho de tijolos amarelos do aprendizado*. 2002. Dissertação (Mestrado), Universidade Presbiteriana Mackenzie, São Paulo.

EIKMEIER, W. *Decisão e aprendizado no contexto de um jogo*. 1982. Dissertação (Mestrado) – Instituto de Matemática, Estatística e Ciência da Computação, Unicamp, Campinas. (Orientador: Fernando Curado)

EMERIQUE, P. S. *Estruturas grupais e suas implicações numa situação de jogo com regras*. 1981. Dissertação (Mestrado) – Instituto de Psicologia, USP, São Paulo.

FANTIM, M. *Jogo, brincadeira e cultura na educação infantil*. UFSC, 1996.

FERREIRA, M. E. C. *Efeitos de um programa ludo-motivado no desenvolvimento perceptivo motor de crianças com déficits mentais*. 1996. Dissertação (Mestrado), Universidade Castelo Branco, São Paulo. (Orientador: Vernon Furtado da Silva)

FIGUEIREDO NETO, A. F. de. *A física, o lúdico e a ciência no 1º grau*. 1988. 489 p. Dissertação (Mestrado) – Instituto de Física, USP, São Paulo.

FIGUEIREDO, M. X. B. *A corporeidade na escola: uma proposta de transformação através da análise das brincadeiras, jogos e desenhos das crianças*. Porto Alegre: [s. n.], 1989.

FILGUEIRAS, I. P. *Espaços lúdicos ao ar livre na educação infantil*. 1998. Dissertação (Mestrado) – Faculdade de Educação, USP, São Paulo. (Orientador: Tizuko Morchida Kishimoto)

FINCO, D. *Faca sem ponta, galinha sem pé, homem com mulher: relações de gênero nas brincadeiras de meninos e meninas na pré-escola*. 2004. Dissertação (Mestrado) – Faculdade de Educação, Unicamp, Campinas. (Orientadora: Ana Lucia Goulart de Faria)

FRANÇA, G. W. *Tia, me deixa brincar: o espaço do jogo na educação pré-escolar*. 1990. 237 p. il. Dissertação (Mestrado), PUC, São Paulo.

FREITAS, M. da G. F. *Da psico(bio)logia do jogo infantil ao desejo de fazer-de-conta que é adulto: um estudo sobre o brincar infantil*. 1999. 190 p. Dissertação (Mestrado), São Paulo.

FRIEDMANN, A. F. *Jogos tradicionais na cidade de São Paulo: recuperação e análise de sua função educacional*. 1990. Dissertação (Mestrado), Unicamp, Campinas.

GIL, J. P. A. *O significado do jogo na educação infantil*. Santa Maria (RS): UFSM, 1991.

GODOY, A. P. B. de. *Jogos de regras em sala de aula: concepções de professores*. 2000. Trabalho de Conclusão de Curso (graduação) – Faculdade de Educação, Unicamp, Campinas. (Orientadora: Rosely Palermo Brenelli)

GOMES, C. F. *Brinquedos e brincadeiras em grupos de meninos de diferentes culturas: uma análise da ludicidade*. 1993. 176 p. Dissertação (Mestrado) – Instituto de Educação, USP, São Paulo.

GONÇALVES, M. F. C. *Brincar de escolinha: a construção da representação na interação de crianças em creches*. 1996. Tese (Doutorado) – Faculdade de Educação, USP, São Paulo.

GONZALEZ, F. J. *Influência do nível de desenvolvimento cognitivo, segundo a teoria psicogenética, na tomada de decisão de crianças em jogos motores de situação*. 1996. Dissertação (Mestrado), UFSM, Santa Maria (RS). (Orientador: Ruy Jornada Krebs)

GOYAZ, M. de. *As possibilidades e limites da ginástica no campo do lazer*. 2003. Dissertação (Mestrado) – Faculdade de Educação Física, Unicamp, Campinas. (Orientador: Orival Andries Junior)

GRUNAUER, S. C. S. *Criança pré-escolar e a televisão: um estudo sobre o impacto da televisão nas vidas de crianças pré-escolares paulistanas*. 1990. 176 p. Dissertação (Mestrado) – Instituto de Psicologia, USP, São Paulo.

GUANAES, V. *Ludoterapia empresarial: qualidade, jogos, simulações, dramatizações*. 1997. Dissertação (Mestrado) – Instituto de Matemática, Estatística e Computação Científica, Unicamp, Campinas. (Orientadora: Ana Cervigni Guerra)

GUIDOLINO, M. A. *A construção da moralidade através de uma intervenção lúdica*. 1991. Trabalho de Conclusão de Curso (graduação) – Faculdade de Educação, Unicamp, Campinas. (Orientadora: Maria Teresa Eglér Mantoan)

GUIMARÃES, R. D. A. *Recreio: espaço de ambigüidades*. 2001. Trabalho de Conclusão de Curso (graduação) – Faculdade de Educação, Unicamp, Campinas. (Orientadora: Ana Lucia Guedes-Pinto)

GUZZONI, C. V. *A dimensão simbólica do recreio na escola de 1º grau: uma análise a partir das práticas cotidianas*. 1998. Dissertação (Mestrado) – Unicamp, Campinas.

HUSSEIN, C. L. *Efeito da mudança da composição sexual em respostas de pré-escolares face a duplas de brinquedos*. 1978. 145 p. Dissertação (Mestrado) – Instituto de Psicologia, USP, São Paulo.

IANSEN, L. M. *Aula de reforço no pré?: procurando o brincar numa pré-escola em Vinhedo (SP)*. 2004. Trabalho de Conclusão de Curso (graduação) – Faculdade de Educação, Unicamp, Campinas. (Orientadora: Ana Lucia Goulart de Faria)

JALLES, F. *A aquisição da linguagem infantil em um contexto bilíngüe*. [s. d.]. Tese (Doutorado) – Universidade Complutense de Madri, Espanha.

JAPIASSU, R. O. V. *Ensino do teatro nas séries iniciais da educação básica: a formação de conceitos sociais no jogo teatral*. 1999. Dissertação (Mestrado) – Escola de Comunicações e Artes, USP, São Paulo.

JUNQUEIRA FILHO, G. de A. *Interdisciplinaridade na pré-escola: anotações de um educador "on the road"*. 1993. 172 p. Dissertação (Mestrado) – PUC, São Paulo.

KNIJNIK, S. C. F. *Jogo e pluralidade cultural: um estudo exploratório e parâmetros curriculares nacionais*. 2003. 119 p. Dissertação (Mestrado) – Universidade Presbiteriana Mackenzie, São Paulo.

KISHIMOTO, T. M. *O jogo, a criança e a educação*. 1992. 276 p. il. Tese (Livre-docência) – Faculdade de Educação, USP, São Paulo.

KOCH, D. *Jogos infantis e educação*. São Paulo: Faculdade de Educação, USP, 1975.

LACOMBE, R. B. *Infância dos bastidores e os bastidores da infância: uma experiência com crianças que trabalham na televisão*. 2004. Dissertação (Mestrado) – Programa de Pós-graduação em Psicologia, PUC, Rio de Janeiro.

LEITÃO, L. E. *Ludo-poética: uma proposta de abordagem da arte contemporânea sob o enfoque do jogo*. 1997. Dissertação (Mestrado) – Instituto de Artes, UFRGS, Porto Alegre. (Orientadora: Sandra Rey Guedes da Silveira)

LINHARES, C. N. *Contribuições para o entendimento do brinquedo no desenvolvimento de crianças em creches*. Natal: UFRN, 1990.

LORDELO, E. da R. *Ambiente de desenvolvimento humano: uma reflexão a partir do contexto creche*. 1995. 162 p. Tese (Doutorado) – USP, São Paulo.

MACEDO, L. Para um discurso das regras na escola ou na psicopedagogia: uma análise construtivista. *Cadernos de Pesquisa*, São Paulo, n. 87, p. 13-19, nov. 1993.

MACHADO, A. M. *Inventando uma intervenção na escola pública*. 1990. 83 p. (mais anexos). Dissertação (Mestrado) - Instituto de Psicologia, USP, São Paulo.

MACHADO, M. S. *Aplicação de jogos dramáticos em sala de aula*. 1999. Dissertação (Mestrado) – Faculdade de Educação, Unicamp, Campinas. (Orientador: Valério José Arantes)

MAGALHÃES, C. M. C. *Agressão, aliança e reconciliação em crianças pré-escolares*. 1995. 158 p. (mais anexos). Tese (Doutorado) – Instituto de Psicologia, USP, São Paulo.

MAGALHÃES, L. do A. M. de. *O jogo cara a cara em crianças de 7 a 13 anos: uma análise construtivista*. 1999. 96 p. Dissertação (Mestrado) – Faculdade de Educação, USP, São Paulo.

MARQUES, M. G. *Um revelar das práticas não-sexistas dos meninos e das meninas em uma creche de Hortolândia (SP)*. 2004. Trabalho de Conclusão de Curso (graduação) – Faculdade de Educação, Unicamp, Campinas. (Orientadora: Ana Lucia Goulart de Faria)

MEIRA, A. M. *A cultura do brincar: a infância contemporânea, o brincar e a cultura no espaço da cidade*. 2004. Dissertação (Mestrado) – Programa de Pós-Graduação em Psicologia Social e Institucional, Instituto de Psicologia, UFRGS, Porto Alegre.

MELLO, A. C. da M. P. C. de. *O brincar de crianças vítimas de violência física doméstica*. 1999. 477 p. (tab. mais anexos). Tese (Doutorado) – Instituto de Psicologia, USP, São Paulo.

MELLO, C. O. *A interação social na brincadeira de faz-de-conta: uma análise da dimensão meta comunicativa*. 1994. Dissertação (Mestrado) – Curso de Pós-Graduação em Psicologia do Desenvolvimento, Instituto de Filosofia e Ciências Humanas, UFRGS, Porto Alegre.

MELO, A. M. de. *Jogos populares infantis como recurso pedagógico da educação física escolar de 1º grau no Brasil*. Rio de Janeiro: [s. n.], 1985.

MELO, M. E. C. *A construção de regras no jogo infantil: um estudo em aulas de educação física da primeira e segunda série do primeiro grau*. 1993. Dissertação (Mestrado) – Faculdade de Educação, Unicamp, Campinas.

MORAES, D. P. de. *Ludus: o teatro de bonecos em sala de aula*. 2002. Trabalho de Conclusão de Curso – Faculdade de Educação, Unicamp, Campinas. (Orientador: Guilherme do Val Toledo Prado)

MORAES, M. L. S. *O faz-de-conta e a realidade social da criança*. Dissertação (Mestrado) – Instituto de Psicologia, USP, 1980. (não-publicada)

MOURA, D. G. de. *Dimensão lúdica no ensino de ciências: atividades práticas como elemento de realização lúdica.* 1993. 292 p. (mais anexos). Tese (Doutorado) – Faculdade de Educação, USP, São Paulo.

MOURA, M. O. de. *Construção do signo numérico em situação de ensino.* 1992. 151 p. Tese (Doutorado) – Faculdade de Educação, USP, São Paulo.

NASCIMENTO, A. M. do. *Infância e cidade: crianças e adultos em uma pracinha do Rio de Janeiro.* 2005. Dissertação (Mestrado) – Programa de Pós-graduação em Educação, PUC, Rio de Janeiro.

NAVARRO, M. A. M. *Aproveitamento dos jogos folclóricos na educação física: uma pesquisa em instituições educacionais em São Paulo e guia de jogos folclóricos.* 1985. 165 p. Tese (Doutorado) – USP, São Paulo.

OLIVEIRA, M. M. de. *Contatos sociais de pré-escolares em grupo.* 1988. 103 p. Tese (Doutorado), USP, São Paulo.

OLIVEIRA, Z. de M. R. de. *Jogo de papéis: uma perspectiva para análise do desenvolvimento humano.* 1988. Tese (Doutorado) – Faculdade de Educação, USP, São Paulo.

ORTEGA, A. C. O raciocínio da criança no jogo de regras: avaliação e intervenção psicopedagógica. *Psicopedagogia*, São Paulo, v. 12, n. 27, p. 27-30, dez. 1993.

OTERO, C. C. *Espaço pedagógico do jogo: algumas possibilidades.* 1996. 114 p. (mais anexos). Dissertação (Mestrado) – Faculdade de Educação, USP, São Paulo.

PAULA, D. F. de. *Infância e o poder: a recreação no parque infantil e sua implicação social (1930-1945).* 1993. 232 p. Dissertação (Mestrado) – UNESP, Assis.

PAULO, R. de C. *Equitação terapêutica: o lúdico que trata.* 2002. Trabalho de Conclusão de Curso (graduação) – Faculdade de Educação Física, Unicamp, Campinas. (Orientador: José Júlio Gavião de Almeida)

PEREIRA, A. C. *O processo de concepção da interface gráfica na multimídia aplicada ao ensino de resistência dos materiais.* 2001. Dissertação (Mestrado) – Instituto de Artes, Unicamp, Campinas. (Orientador: Gilberto dos Santos Prado)

PEREIRA, R. R. *Nossos comerciais, por favor! Infância, televisão e publicidade.* 2003. Tese (Doutorado) – Programa de Pós-graduação em Educação, PUC, Rio de Janeiro.

PETTY, A. L. S. *Ensaio sobre o valor pedagógico dos jogos de regras: uma perspectiva construtivista.* 1995. 133 p. Dissertação (Mestrado) – Instituto de Psicologia, USP, São Paulo.

PIACENTINI, T. A. *Fragmentos de imagens de infância.* 1995. Tese (Doutorado) – FFLCH, USP, São Paulo.

PINAZZA, M. *Recursos didáticos na pré-escola: um estudo baseado em depoimentos de professores.* São Paulo: USP, 1989.

PINHEIRO, L. *O brincar na rotina escolar de deficientes mentais: visão de professores.* 1992. Dissertação (Mestrado) – Psicologia da Educação, PUC, São Paulo.

PINHO, A. F. A. *Brincando a gente se entende: análise da brincadeira na creche como espaço de desenvolvimento infantil.* 2001. Dissertação (Mestrado) – UFPe, Recife.

PIRES, E. K. P. *Mudança de setor e o comportamento de crianças em uma creche.* 1992. 117 p. Dissertação (Mestrado) – Instituto de Psicologia, USP, São Paulo.

PLATA, E. *Brinquedo, imaginação, transformação: um estudo sobre o símbolo lúdico e a aprendizagem das crianças em creche.* 1997. 116 p. (mais anexos). Dissertação (Mestrado) – Instituto de Psicologia, USP, São Paulo.

PORTO, C. L. *Do brinquedo à brincadeira: práticas e representações sobre o brinquedo e o ato de brincar na brinquedoteca – brincando com arte.* 1996. 144 p. Dissertação (Mestrado) – PUC, Rio de Janeiro.

POZAS, D. *A influência das brincadeiras livres e dirigidas no desenvolvimento cognitivo da criança.* 2002. Dissertação (Mestrado em Psicologia) – Universidade Gama Filho.

PRADO, M. M. R. do. *Descobrindo o lúdico: a vivência lúdica infantil na sociedade moderna.* 1991. Dissertação (Mestrado) – Faculdade de Educação, Unicamp, Campinas. (Orientador: Angel Pino Cegado)

PRADO, P. D. *Quer brincar comigo?: pesquisa, brincadeira e educação infantil em pré-escolares – relato de uma experiência.* 1998. 179 p. (mais anexo). Dissertação (Mestrado) – Faculdade de Educação, USP, São Paulo.

PUGLISI, J. C. *O jogo didático no processo ensino-aprendizagem.* 1997. Dissertação (Mestrado) – Psicologia da Educação, PUC, São Paulo.

RABIOGLIO, M. B. *Jogar: um jeito de aprender: análise do pega-varetas e da relação jogo-escola.* 1995. 163 p. Dissertação (Mestrado) – Faculdade de Educação, USP, São Paulo.

RAMOS, E. M. de F. *A circunstância e a imaginação: o ensino de ciências, a experimentação e o lúdico, estudo de crenças, idéias e perspectivas de professoras de 1ª a 4ª série de 1º grau.* 1997. 414 p. Tese (Doutorado) – Faculdade de Educação, USP, São Paulo.

———. *Brinquedos e jogos no ensino de física.* 1990. 289 p. Dissertação (Mestrado) – Faculdade de Educação, USP, São Paulo.

REAL, T. S. *Onde estão as borboletas: contar histórias na pré-escola e a imaginação das crianças.* 2004. Trabalho de Conclusão de Curso (graduação) – Faculdade de Educação, Unicamp, Campinas. (Orientadora: Ana Lucia Goulart de Faria)

RIBEIRO, C. A. *Efeito da utilização do brinquedo terapêutico, pela enfermeira pediatra, sobre o comportamento de crianças recém-hospitalizadas.* 1986. 156 p. Dissertação (Mestrado) – Escola de Enfermagem, USP, São Paulo.

ROCHA, M. S. P. de M. L. da. *A constituição social do brincar: modos de abordagem do real e do imaginário no trabalho pedagógico.* 1994. Dissertação (Mestrado) – Faculdade de Educação, Unicamp, Campinas. (Orientadora: Maria Cecília Rafael de Góes)

———. *Não brinco mais: a (des)construção do brincar no cotidiano educacional.* Ijuí: Unijuí, 2000.

ROCHA, N. M. D. *Desempenho verbal de pré-escolares em situação de teste e de brinquedo*. 1979. 269 p. Tese (Doutorado em Psicologia Educacional) – USP, São Paulo.

ROSAMILHA, N. *Atividades lúdicas e desenvolvimento da prontidão para a aprendizagem da leitura e escrita: implicações para a psicologia escolar*. 1978. 369 p. Tese (Livre-docência) – Instituto de Psicologia, USP, São Paulo.

ROSSETO Jr., A. J. *Jogos e brincadeiras na educação infantil: um balanço das dissertações e teses defendidas nos programas de pós-graduação em educação*. 2003. Dissertação (Mestrado) – PUC, São Paulo.

ROSSI, L. P. C. *A expressão lúdica e a educação infantil: primeiras aproximações e possíveis relações*. 1996. Trabalho de Conclusão de Curso (graduação) – Faculdade de Educação, Unicamp, Campinas. (Orientadora: Maria Evelyna Pompeu do Nascimento)

RUBIANO, M. R. B. *Suportes ambientais e organização social de crianças em creche*. 1990. Tese (Doutorado) – Instituto de Psicologia, USP, São Paulo.

SALUM e MORAES, M. de L.; CARVALHO, A. M. A. Brincar: uma revisão de algumas concepções clássicas. *Boletim de Psicologia*, v. 37, n. 86, p. 1-23, 1987.

SANTIS, L. M. M. de. *Infância: tempo de brincar?: um estudo sobre a infância das crianças ricas*. 1998. Trabalho de Conclusão de Curso (graduação) – Faculdade de Educação, Unicamp, Campinas. (Orientadora: Zeila de Brito Fabri Demartini)

SANTOS, J. C. F. dos. *Jogos e brincadeiras nas aulas de educação física: uma leitura da afetividade contida*. 1992. Trabalho de Conclusão de Curso (graduação) – Faculdade de Educação Física, Unicamp, Campinas. (Orientador: Idico Luis Pellegrinotti)

SANTOS, M. da G. S. dos. *Lúdico: isto é sério? – uma constatação sobre as experiências lúdicas das crianças*. Rio de Janeiro: [s. n.], 1991.

SANTOS, N. O. *Infância, práticas culturais e consumo: um olhar sobre crianças e adultos numa escola pública*. 2005. Dissertação (Mestrado) – Programa de Pós-graduação em Educação, PUC, Rio de Janeiro.

SILVA, A. P. P. de F. *Tecendo o jogo: a mão da abordagem lúdica no ensino de italiano como segunda língua*. 1998. 127 p. (mais anexos). Dissertação (Mestrado) – USP, São Paulo.

SILVA, A. M. *Infância, jogo e gênero: uma etnografia do brincar*. 2003. Trabalho de Conclusão de Curso (graduação) – Faculdade de Educação Física, Unicamp, Campinas. (Orientador: Jocimar Daolio)

SILVA, M. A. da. *Comunicação interativa e educação*. 1999. 296 p. Tese (Doutorado), São Paulo.

SILVEIRA, C. de A. F. *Os processos inferenciais via jogo de regras na compreensão da leitura*. 2004. Dissertação (Mestrado) – Faculdade de Educação, Unicamp, Campinas. (Orientadora: Rosely Palermo Brenelli)

SIMIONATO-TOZO, S. M. P. *A infância em gerações diferentes: o cotidiano e o lúdico*. 1996. 128 p. Dissertação (Mestrado) – UFSCar, São Carlos (SP).

SOLOVIJOVAS, A. R. *O lúdico no contexto hospitalar: a experiência da brinquedoteca de um hospital do interior de São Paulo*. 2004. Trabalho de Conclusão de Curso (graduação) – Faculdade de Educação, Unicamp, Campinas. (Orientadora: Ângela Fátima Soligo)

SOUZA, M. T. de. *Desenvolvimento humano, lazer e educação física escolar: o papel do componente lúdico da cultura.* 1994. Dissertação (Mestrado) – Faculdade de Educação Física, Unicamp, Campinas. (Orientador: Nelson Carvalho Marcellino)

TADEU, E. *Brincar na adolescência: uma leitura no espaço escolar.* 2000. Dissertação (Mestrado) – Faculdade de Educação, UFMG, Belo Horizonte. (Orientadora: Aparecida Paiva)

TAKATORI, M. *O brincar no cotidiano da criança com deficiência física privilegiando um olhar para a construção das intervenções em reabilitação.* 1999. 232 p. il. Dissertação (Mestrado) – Instituto de Psicologia, USP, São Paulo.

TEIXEIRA, A. E. H. G. *Os níveis de compreensão interpessoal de Selman no contexto do jogo simbólico.* 2004. Tese (Doutorado) – Faculdade de Educação, Unicamp, Campinas. (Orientador: Orly Zucatto Mantovani de Assis)

UEMURA, E. *O brinquedo e a prática pedagógica.* 1988. Dissertação (Mestrado), PUC, São Paulo.

VANNI, C. F.; MARCHEZI, S. R. da S. B. Psicogênese das regras do jogo. In: *Estudos cognitivos*, Unesp, F. F. C. L. Araraquara, São Paulo, n. 2, v. 1, dez. 1976.

VASCONCELOS, P. A. *Abordagem piagetiana do jogo.* 1993. 130 p. Dissertação (Mestrado), São Paulo.

VASSILIADES, M. P. *Influência dos jogos dramáticos na recuperação de crianças lentas.* 1997. Dissertação (Mestrado) – Faculdade de Educação, Unicamp, Campinas. (Orientador: Valério José Arantes)

VEIGA, C. X. A. M. *Imagens sociais e culturais em brincadeiras de construção na educação infantil.* 2000. Dissertação (Mestrado) – Faculdade de Educação, USP, São Paulo.

VEILLARD, K. C. dos S. *Entre o caos e a geometria: o "lugar" do brincar.* 1996. 124 p. Dissertação (Mestrado) – UFRJ, Rio de Janeiro.

VICTOR, S. L. *Aspectos presentes nas brincadeiras de faz-de-conta da criança com a síndrome de Down.* 2000. Tese (Doutorado em Psicologia da Educação) – Faculdade de Educação, USP, São Paulo.

VIEIRA, A. G. *O brinquedo simbólico como narrativa.* Porto Alegre: Curso de Pós-Graduação em Psicologia do Desenvolvimento/Instituto de Psicologia/UFRGS, 1997.

WAJSKOP, G. *Tia, me deixa brincar: o espaço do jogo na educação pré-escolar.* 1990. 197 p. Dissertação (Mestrado), PUC, São Paulo.

———. *Concepções de brincar entre profissionais de educação infantil: implicações para a prática institucional.* 1996. 233 p. (mais anexos). Tese (Doutorado) – Faculdade de Educação, USP, São Paulo.

WARSCHAUER, C. *Roda e o registro: caminhos para a parceria entre professor e alunos na construção dos conhecimentos.* 1991. 218 p. Dissertação (Mestrado) – Faculdade de Educação, USP, São Paulo.

ZAMBERLAN, M. A. T. *Critérios de adoção de papéis sexuais em situação de brinquedo*. 1979. 153 p. Dissertação (Mestrado) – USP, São Paulo.

ZANUTIM, E. C. *Re-aprendendo a brincar com a criança: um estudo dos modos de participação da professora-pesquisadora no brincar de faz-de-conta*. 1999. Trabalho de Conclusão de Curso (graduação) – Faculdade de Educação, Unicamp, Campinas. (Orientadora: Roseli Aparecida Cação Fontana)

ZIBETTI, M. L. T. *Analisando a prática pedagógica: uma experiência de formação de professores na educação infantil*. 1999. Dissertação (Mestrado) – Instituto de Psicologia, USP, São Paulo.

■ Documentos oficiais

AMAZONAS. Secretaria da Educação e Cultura. *Programa de educação pré-escolar: dados, treinamento e currículo. 1980-84*. Manaus: SE/AM, [s. d.], 1 v.

BELO HORIZONTE. Secretaria de Educação. Novo olhar sobre a infância, pelo viés da ludicidade, da cultura, da expressividade artística e corporal. *Infância na Ciranda da Educação*, n. 2, p. 60, abr. 1996.

BRASIL. Ministério da Educação. *A avó, o dinossauro e o Deus*. Brasília: MEC/Seneb, 1991. 1 v.

———. *Aritmética na pré-escola*. Brasília: MEC/Seneb, 1991. 1 v.

———. *Arte*. Brasília: MEC/Seneb, 1991. 1 v.

———. *Atuação do professor*. Brasília: MEC/Seneb, 1991. 1 v.

———. *Brincar*. Brasília: MEC/Seneb, 1991. 1 v.

———. *Ciências na pré-escola*. Brasília: MEC/Seneb, 1991. 1 v.

———. *Ciências*. Brasília: MEC/Seneb, 1991. 1 v.

———. *Criança de 3 a 7 anos*. Brasília: MEC/Seneb, 1991. 1 v.

———. *Crianças e professores*. Brasília: MEC/Seneb, 1991. 1 v.

———. *Escola, as crianças e as histórias*. Brasília: MEC/Seneb, 1991. 1 v.

———. *Expressão artística na pré-escola*. Brasília: MEC/Seneb, 1991. 1 v.

———. *Formação das crianças e dos professores*. Brasília: MEC/Seneb, 1991. 1 v.

———. *Infância*. Brasília: MEC/Seneb, 1991. 1 v.

———. *Jogos e brincadeiras na pré-escola*. Brasília: MEC/Seneb, 1991. 1 v.

———. *Língua portuguesa*. Brasília: MEC/Seneb, 1991. 1 v.

———. *Música e dança*. Brasília: MEC/Seneb, 1991. 1 v.

———. *Números e algarismos*. Brasília: MEC/Seneb, 1991. 1 v.

———. *Situação da pré-escola*. Brasília: MEC/Seneb, 1991. 1 v.

———. *Socialização da criança*. Brasília: MEC/Seneb, 1991. 1 v.

INOUE, A.; WAJSKOP, G.; CARVALHO, S. M. P. de (Coord.). BRASIL.

Ministério da Educação e do Desporto. Referencial Curricular Nacional para a Educação Infantil. Brasília: MEC/SEF, 1998. 3 v.

KISHIGAMI, S. H. *Design ideas for pre-school centres and play spaces*. Paris: Unesco/ Unicef/WFP, Co-operative programme, Sept. 1998.

MICHEL, M. M. M. Recreação. In: FUNDAÇÃO AMAE para Educação e Cultura. *Construindo a alfabetização do pré-escolar à 4ª série do 1º grau*. Belo Horizonte: AMAE, [s. d.]. p. 110-111. (Coletânea AMAE Educando)

MINISTÉRIO da Educação. Brincar: a fada que vira professora ou o faz-de-conta invade a sala de aula. In: *Educação Infantil*, Parâmetros em Ação. Brasília: Secretaria de Educação Fundamental, 1999. Referencial Curricular Nacional para a Educação Infantil. v. 1, 2 e 3. Secretaria de Educação Fundamental. Brasília: MEC/SEF, 1998.

SÃO PAULO (Cidade). Secretaria do Bem-Estar Social. *Projeto Infância e Criação Cultural: caderno de formação*. São Paulo: Sebes, 1992. 22 p.

———. Secretaria do Bem-Estar Social. *Brincar na creche: perspectiva sócio-construtivista-interacionista*. São Paulo: Sebes, 1991. 27 p.

———. Secretaria do Bem-Estar Social. *Cidade do bem-estar social*. São Paulo: Sebes, 1991.

———. Secretaria do Bem-Estar Social. *Infância e criação cultural (oficinas)*. São Paulo: Sebes, 1991.

———. Secretaria do Bem-Estar Social. *Prazer de brincar (Projeto Brinquedo)*. São Paulo: Sebes, 1991.

———. Secretaria de Educação. *Construindo material didático para a pré-escola*. São Paulo: SME, 1985. 80 p. il.

———. Secretaria de Educação e Cultura. *Parques & centros*. São Paulo: Conselho de Coordenação e Planejamento, 1971. (Boletim mensal)

———. Secretaria de Educação e Cultura. *Curso de recreação infantil, 1*. São Paulo: Divisão de Educação e Recreio, 1970.

———. Secretaria de Educação e Cultura. *Parque e centro*. São Paulo: Departamento de Educação e Recreio, 1969. (Boletim mensal, 1/8)

———. Secretaria de Educação e Cultura. *Boletim interno da Divisão de Educação, Assistência e Recreio*. São Paulo: Departamento de Educação e Cultura, 1957. 127 p. (Boletim interno, 1)

———. Secretaria de Educação e Cultura. *Boletim interno da Divisão de Educação, Assistência e Recreio*. São Paulo: Divisão de Educação, Assistência e Recreio, 1953. 293 p. (Boletim interno, 7)

———. Departamento de Cultura. *Origem e propagação dos parques infantis e parques de jogos*. São Paulo: Divisão de Educação e Recreio, 1941. 24 p.

———. Secretaria da Família e Bem-Estar Social. *Plano de Ação Imediata para a Periferia, PAIP*. [s. d.]. (Subprograma)

———. Secretaria de Educação e Cultura. *Parque & centro*. São Paulo: Departamento de Educação e Recreio, [s. d.]. 42 p.

SÃO PAULO (Cidade). Secretaria do Bem-Estar Social. *Prazer de brincar*. São Paulo: Sebes, [s. d.]. 16 p.

SÃO PAULO (Estado). Secretaria do Menor. *Creche/pré-escola: espaço educativo*. São Paulo, 1987. 13 p.

———. Secretaria da Educação. *Recursos didáticos para a pré-escola*. São Paulo: SEE/CENP, 1982. 62 p.

———. Secretaria da Educação. Associação dos Movimentos de Entidades Sociais Conveniadas. *Projeto de capacitação e formação de funcionários de equipamentos conveniados: relatório 1989*. São Paulo: Amesc, 1990. 30 p.

———. Secretaria de Estado da Cultura. *Brinquedos populares brasileiros, tramas, trançados e cestarias*. São Paulo: Paço das Artes, 1980.

THIESSEN, M. L.; ARAUJO, C. Distrito Federal. Secretaria de Serviços Sociais. *Manual para visitadores domiciliares, atividades lúdico-educativas*. Brasília: Fundação do Serviço Social, 1981. 98 p. il.

QUEM É Adriana Friedmann

Adriana Friedmann é pedagoga e mestre em Metodologia do Ensino.

Como educadora, especializou-se em Educação Infantil. No decorrer dos seus 25 anos de experiência profissional, percebeu a importância do incentivo ao resgate das brincadeiras infantis tradicionais e, desde então, não só se dedica ao assunto — como palestrante, consultora e docente de cursos de formação de educadores nas áreas do jogo e do desenvolvimento infantil — como possui ampla experiência na assessoria para a implementação de espaços lúdicos.

É também uma das co-fundadoras da Aliança pela Infância no Brasil, organização internacional que une diversas instituições, profissionais e interessados pelo bem-estar da criança e por uma infância digna e saudável.

Firme no propósito de divulgar jogos e brincadeiras tradicionais e a importância do brincar na infância, Adriana é a idealizadora do Núcleo de Estudos e Pesquisas em Simbolismo, Infância e Desenvolvimento — Nepsid e autora de diversas obras sobre o assunto.